丁文江圖傳

宋廣波　著

自序

丁文江（1887-1936）是20世紀中國科學、文化史上影響最大的人物之一，他與同時代的陳獨秀、胡適、魯迅、李四光、竺可楨等相比，在貢獻與影響方面，絲毫也不遜色。蔡元培對丁文江的既精於科學又長於辦事極為傾倒，稱讚他是「我國現代稀有的人物」；胡適說他是「最有光彩又最有能力的好人」，是「天生能辦事、能領導人、能訓練人才、能建立學術的大人物」；而他的摯友傅斯年在列述了他的種種貢獻與優長之後則說：「這樣的一個人格，應當在國人心中留個深刻的印象。」然70年過去了，現在還有多少人知道丁文江？至於他在科學、文化、思想方面的具體創獲與影響，就更不用說了。

作為中國地質學的開山大師，丁文江創辦了我國最早的專門地質教育機構—地質研究所，創辦了我國最早的地質調查機構（也是我國最早的科學研究機關）—地質調查所並任所長接近10年。在丁文江的領導下，中國地質學成績卓著，早在1920年代就獲得了世界聲譽。除地質學以外，丁文江在地理學、人種學、優生學、歷史學、少數民族語言學等領域也有獨特貢獻，是一位典型

的百科全書式的人物。温源寧曾這樣評價他：「丁文江的所知所見實在太豐富了，簡直就是一所老古玩店，五花八門、零零碎碎的東西，從中國軍隊裝備的統計以及唐詩朗誦法，一應俱全。換句話說，你應該把丁博士看作一部百科全書。」

丁文江的身上，恰到好處的集合了專門科學家、科學事業的組織者和科學思想的傳播者等多重角色。丁文江之精於科學、長於辦事，不僅表現在他在我國早年科學事業的組織、管理方面；還表現在他後來的多姿多彩的傳奇經歷中：他做過煤礦公司的總經理、淞滬督辦公署總辦、中央研究院的總幹事，在以上經歷中丁文江都做出過影響深遠的實績。

丁文江還是一位有代表性的公共知識份子，他倡議創辦《努力》週報，積極參與《獨立評論》的編輯工作，是著名的「科學與玄學」論戰的發起者……儘管丁文江的生命只有四十九年，但他在學術、社文化史上等留下的烙印卻是極為深刻的。

2007年，是丁文江先生誕辰120周年，希望這本小書能為更多的人認識丁文江有所助益。

目錄

第一章

掛名的江蘇人

丁文江在家鄉接受了嚴格的傳統教育，15歲的時候，他出國留學，自此就甚少回家。所以，他經常說：「我是掛名的江蘇人」。

一、泰興望族

西元1887年，歲在丁亥，是清德宗光緒十三年。這一年的4月13日（農曆三月二十），丁文江出生在江蘇泰興的黃橋鎮。他生的那天，光緒帝才親政65天，葡萄牙取得在澳門的特權才18天；他出生後201天，蔣介石出生。這一年，是太平天國失敗後23年，中法戰爭後2年，中日戰爭（甲午）前7年，德國強佔膠州灣前10年。

這一年，康有為29歲，孫中山21歲，蔡元培19歲，梁啟超14歲。

這一年，李鴻章派員勘辦黑龍江漠河金

礦，張之洞在廣州奏設廣雅書院，列寧在喀山大學因參加學潮被流放，曾寫過十四行詩（被刻在自由女神像上）的美國詩人劄勒斯逝世。

這一年，總理衙門奏訂出洋遊歷人員章程，英國議會通過反對愛爾蘭民族運動的《鎮壓法》，中國政府在臺灣建省，美國獲得在珍珠港建立海軍基地的權利。

這一年的正月初七，丁文江的夫人史久元女士出生。

這一年出生的文化名人還有：張君勱、朱經農、陶孟和、柳亞子；1887年前後，丁文江的好友章鴻釗（1877～1951）、蔣百里（1882～1938）、任鴻雋（1886～1961）、翁文灝（1889～1971）、竺可楨（1890～1974）、徐新六（1890～1938）、胡適（1891～1962）、趙元任（1892～1982）、傅斯年（1896～1950）等陸續出生。

丁文江的出生地─黃橋鎮位於泰興縣境東半部中心，西距縣城23公里。泰興位於江蘇中部，東接如皋，西瀕長

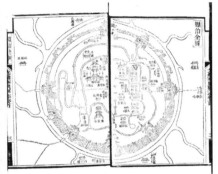

光緒朝《泰興縣誌》上的泰興縣全圖

黃橋鎮上的黃橋

江，南界靖江，北鄰泰縣，東北與海安接壤，西北與江都毗連。泰興縣原為海陵縣地，西元937年建縣。建縣時屬泰州。宋時或屬於揚州，或屬於泰州，時有變更。元、明兩代，屬揚州。清雍正以後，改屬通州。民國初年屬蘇常道，旋又改屬揚州。

泰興為「濱江偏邑，風氣錮塞」。

丁家，是泰興縣望族。

丁文江的高祖丁椿（字古園）是丁家七世祖丁喬年（字南有，國子生）長子，做過守備，先後在廬州、沔陽、袁州等地做官。丁椿是長房，下有兩個弟弟：丁桂、丁楷，所以鄉里俗呼丁椿為「大椿」或「椿大房」。丁椿在父親去世後，遵父遺囑，設義莊。

丁文江曾祖丁人慶（字餘堂），做過運副、通判，宦跡歷經金華、嘉興、杭州等地。

丁文江的祖父丁振園，字芝山。

丁文江的父親丁禎祺，字吉庵。同丁喬年、丁椿、丁桂、丁人慶一樣，丁振園、丁禎祺的名字，也見於縣誌上。

丁文江故居大門

丁文江故居

丁文江故居一角

　　位於米巷的丁家大院，是丁文江的出生地，是一座豪宅：

　　椿大房住宅可能是餘堂公所建，進門匾額為「多竹堂」，房屋高大寬廣，木料高級，黑漆大門，一排六間，東邊三間為正門，大門東邊為牆，外為巷道。西三間門窗朝內開，為對廳作招待親友客房。進門第二進並排兩大廳，一為東廳，一為西廳，均大七架樑，廳中間為寬闊過道，向後引伸。東廳後為假山、荷花池；邊間設有過道，通後進花廳，花廳深度為九架樑，中設碧紗床炕，有枕頭等，可作煙炕，對臥吸鴉片煙用；後為花園，約150坪，最後為後門，門外為街道。對面有七架樑五開間房屋三進，係作倉房及下房之用，前兩進間中隔大曬場，約200坪。後門東側為巷道，朝西有一門，入內有一大花園，占地約三千坪以上，有高臺數座，邊沿河道，直通長江。西廳後背又有一進七架樑房屋，作客房之用；再後為天井，有兩面，有門東通廚房及前後

過道，西通天井及洋式房屋四間（明達新房），與第三進正房排立。第三進為主人居住，七架梁。再後有兩進，均七架梁……全部住宅及花園、房屋約一百間，在當時江蘇以北數十縣內，亦為少見。

丁文江故居的整體建築，除花園外，基本保存完好。中華人民共和國成立後，丁家的這座豪宅被沒收，先是成為鎮公所的辦公地，後於1980年闢為新四軍黃橋戰役紀念館。今天，我們要感謝當時的政府對故居的使用做了這樣的處理——如果將其瓜分給貧下中農，或許我們就看不到丁文江的出生地以及童年、少年生活過的地方是什麼樣子了！2004年10月，筆者曾親到黃橋鎮，希望探訪丁文江童年、少年時代留下的蹤跡或傳說。經歷過近200年風雨滄桑的這座豪宅仍在，但大花園已蕩然無存。穿梭於各個院落之間，真有「庭院深深深幾許」的感覺；而桂花廳旁那棵一百多歲的桂花樹，散發出濃郁、清爽的芳香。流連樹下，不由不發思古之幽情！再訪問丁宅附近住戶，一提丁家，先嘖嘖有聲：大地主、大地主。

最能顯示丁家望族地位的是遠近聞名的丁氏義莊。丁文江的族叔丁廷楣對義莊有過這樣的描述：

一般家族俱有祠堂，少有義莊。書本上知有范氏（仲淹）義莊，此外則未聞未見。據說義莊與祠堂類似，但財產則迥異，義莊需有田地、房屋、現金，其財產必須超越百萬（指銀元），方能獲准成立，故極少見……黃橋丁氏義莊財產，係我桂二房與椿大房及楷三房共同出資，但一直由椿大房掌管……黃橋鎮上東西大街、羅家巷、珠巷、米巷已有房屋數十棟（一棟至少十餘間至四、五十間不等）分別租與店家開業或住戶住家；田產，在鎮上四周，有遠至

二、三十里外者，大致在五千畝至萬畝間。族中貧戶領糧米銀錢者，似不太多。義莊先由椿大房文濤掌管，後由文江派遣其母舅單玉溪先生及楊懋青先生（金陵農科畢業）來黃橋接管。我回家鄉辦理黃橋初級中學時，文江曾表示將派人察看，如真努力管理，當召集丁氏有關族人商洽，以義莊財產三分之一捐贈黃橋中學，凡丁姓學生可免繳學費優待。我回黃橋後，與文濤商酌，先選丁姓學生中成績及格者免繳學費。文江曾派文淵回黃橋察看，非常滿意，文淵將其所存中外數千冊書籍全部裝箱，由南京運交黃橋中學陳列保存。後文江不幸去世，而中日戰爭繼起，世事滄桑，此一意願未能達成，徒喚奈何！

不過，有充分的證據表明，這個大家族至少在丁文江出生後不久就已開始逐漸走下坡路了。不然，丁文江在1902年留學的時候，就不需要靠借貸來湊足盤纏、學費；丁文江也不會因為繳納不起學費而在劍橋大學被迫輟學；丁吉

丁文江關心黃橋中學

庵老先生也不會為了給兒子申請官費而四處奔走了；丁文江更不會因為每年要負擔這個大家族的高額費用而不得不到煤礦公司任經理。當然，這都是後話了。

　　出生在這樣一個大家族裏的丁文江，無疑是這個家族最光彩的一員，同時也是改變這個家族命運的人。丁文江學成歸國後，先後將他的四個弟弟並年長的一兄、一姊和一個弟弟的子侄輩均接出來唸書，接受新教育，有望成大器者則送往國外留學；而受文江栽培的子弟，均各自有成。到1949年的時候，仍住在丁家大院裏的直系後裔，已為數不多，他們散佈在國內各大城市，各有事業。這樣，因為有了丁文江，丁家就從一個破落的士紳、地主家族成功地轉變為普遍接受現代教育、從事新式職業（或學、或商）的現代家族。當然，這也免除了丁家後人在後來的歷次運動中被遊鬥、遭凌辱、罰遊街等種種厄運；因為，土地、買賣、房子可以沒收，而「地主階級的孝子賢孫」這一政治標籤，卻因背後的血統是與生俱來而無法輕易撕去的。

　　這個家族還有一個似乎是與生俱來的缺點：不長壽。丁文江在去世前三、四年，常對朋友說：「我們學科學的，該重視統計平均Statistical average。我丁家男子，很難過五十歲的，而我快到五十了。」不幸，一語成讖，丁文江在未滿49歲的時候，即英年早逝，而這已不完全是家族的損失，而是國家、民族的損失了。

　　丁文江，這個對家族、民族有大貢獻的人，是丁家的第二個男孩。他出生後，丁吉庵為其起名文江，字在君。後來丁文江發表文章時，常用筆名「宗淹」（取「宗法范仲淹」之意），英文名V. K. Ting。

　　文江出生時，已有一姊一兄。姊為丁吉庵元配王夫人所生。王夫

人病故後，吉庵公續娶單氏，生四子，長子文濤（字練秋）、次子文江、三子文潮（字月槎）、四子文淵（字月波）。

但丁吉庵作為長房、長孫，是家族的族長，公私事務極多；又有一座龐大的義莊需要管理，所以，對丁文江兄弟的教養之責，多由單夫人承擔。

二、慈母庭訓

關於丁文江的母親單太夫人，其傳記資料極為稀缺；但舊式婚姻講究門當戶對，想必也一定是大家閨秀。丁文濤在〈亡弟在君童年軼事追憶錄〉中有一段深情懷念慈母教養文江兄弟的話，最令人感動，不妨抄在這裏：

濤昆季凡七，亡弟在君於次，仲也。弟生而有殊稟，神悟卓絕，先嚴吉庵公，暨先慈單太夫人，甚鍾愛之。顧先嚴常嬰心於地方公益，規裁董率，洪纖必親。又自高、曾以來，置有義莊，周恤戚黨，諸事旁午，鮮有暇晷。濤兄弟以養以教，一以委之先慈。先慈於濤兄弟，愛護周至，而起居動止，肅然一準以法：衣服有制，飲食有節，作息有定程。一錢之費，必使無妄耗。事能親為者，必使親為之，毋役僮僕。即不能，偶役僕僮，亦不得有疾言厲色。平居諭濤兄弟，必詔以志遠大，毋囿流俗。以故亡弟成童外出，周歷瀛海，去家萬里，絕無悵惘可憐之色。迄回國以後，陟遐荒，探地質，絕幽鑿險，勞勤不辭。而行旅不恃僮役，御下必以寬仁，公私費用，罔敢稍糜，蓋早於幼稚時代之家庭教育植其基矣。

亡弟於襁褓中，即由先慈教之識字……

但單太夫人也不是長壽之人，在1901年，也就是丁文江14歲那年，就辭世了。丁吉庵先生在民國初年去世時，尚不滿50歲，由此推算，單夫人應該沒有活過40歲。

三、私塾教育

江蘇歷來重視文教。丁文江經常對朋友說起這樣一句口頭禪：我們江蘇人，就是當掉裹腳布，也要讀書的。自然，像丁家這樣的大族，也不例外。1891年，也就是丁文江剛4歲的時候，就被送入家塾讀書了。丁家的家塾，頗像《紅樓夢》裏的賈家家塾，常有貧寒的族人、親戚來附讀。1936年1月7日《字林西報》發表〈一個真正的愛國者〉說：

他係一個地主階級的兒子，早年就受教育，據他自己所說，彷彿只有4歲的年紀，已經是一個小學生了。後來年齡到了12歲，對於經書，他差不多都能背誦。雖然還不能夠寫一封通常的書信，但他已經很能夠寫詩和寫八股文。他這時有些歷史知識，而對於地理，卻還完全不懂。至於算學上的乘法，他並不能用它，找得一個總數。

塾中功課，當然是四書五經。但除塾中課業外，丁文江：

常流覽古今小說，尤好讀《三國演義》，獨不喜歡關雲長之為人，曰：「彼剛愎匹夫耳，世顧相與神聖之何耶？」六七歲後，即閱《綱鑑易知錄》，續讀四史、《資治通鑒》諸書，旁及宋明諸儒語錄學案，每畢一篇，輒繫以短評。於古人，最推崇陸宣公史督師。又得顧亭林《日知錄》，黃梨洲《明夷待訪錄》，王船山《讀

通鑑論》，愛好之，早夜諷誦不輟，重其有種族觀念也。時取士猶用八股文，塾師以此為教，亡弟亦學為之，偶一文成，師必稱善，而弟顧以為是直優俳學語，不甚措意。於古文，始嘗推許韓昌黎，既而病其思想之隘，棄去之，獨樂誦大蘇縱橫辯論之文。

丁文江的塾中同學，除大哥文濤外，還有表叔顧匋青和一位本家叔祖繡春。但以文江與匋青資質最高。文濤、文淵筆下的丁文江，真正是一聰敏異常的早慧少年。文濤說：

閱四年，學五經四子書矣。尤喜讀古今詩，琅琅上口。師奇其資性過人，試以聯語屬對曰，「願聞子志」，弟即應聲曰，「還讀我書」。師大擊節，歎為宿慧。其他如以「虎嘯地生風」，對「鳩鳴天欲雨」……志趣不凡，固不獨穎悟天成而已。

文淵說：

（同學中）真能力行不衰的，只有二哥和匋青。大哥僅能勉力追隨，而繡春叔祖卻是望塵莫及矣。

文濤又回憶說：

弟在塾中，與同學顧子匋青最相得，顧年稍長於弟，然皆未及成童也。每課暇，兩人者相與援引歷朝軍國重事，剖析利弊，商榷得失，或推論當代政治良窳，人才賢否。後顧學師範，年甫及壯而殀，弟為文哭之甚哀。

在戊戌變法前1年，也就是1897年，丁文江才剛10歲，但已能為文，他作的〈漢高祖明太祖優劣論〉，「首尾數千言，汪洋縱恣，師為斂手，莫能易一字也。」

次年的戊戌政變，對丁文江觸動極大，丁文淵回憶說：

他在私塾裏，早是一個很出色的學生，在戊戌變政失敗以後，他就和他的幾位同學互相約定：從此發奮努力，以圖救國；不再學八股制藝，要從事實學；不再臨帖習字，以免虛耗光陰。那時他們的所謂「實學」，就是要研究古人的言行，實事求是，不尚虛偽，於是乃從攻讀正史著手。

據文淵回憶，丁文江的學業，還受到他們的表姑父、蘇州名進士曹叔彥的影響：

先曾祖餘堂公僅有子女各一人，子為先祖振園公；女則嫁六合唐府（名已記不清），其翁某為翰林，和曾文正公同時，奉命在鄉主辦團練。後因太平之亂，六合失手，先祖姑夫婦逃到我們家中避難。先祖姑就死在我們家裏，她僅生有一女，因外祖母鍾愛（即先曾祖母），從小就留居外家，至出嫁時，才回其父家。我們這位表姑母，我們從小稱她為「寅姑媽」，她的大名，我從來沒有知道。她和蘇州名進士曹叔彥先生結婚以後，她們夫婦起初都每年來我家一次，拜見外祖母，以後也往來不絕。我這位表姑父嘗治《孝經》（我們家中也藏有此書），雖未做官，然而對清室極忠，終身做遺老，不肯剪辮子……他對家兄們的讀書，似有影響，因為先母的遺志，本來是要在君家兄去蘇州，從叔彥先生攻讀。

在留日以前，丁吉庵開始有意識地讓丁文江兄弟聽從長輩談論做人做事掌故，以瞭解家務：

我家係桂二房小二房，據說父親（丁吉庵的族叔）在世，晚間在家，吉庵大哥即常帶丁文濤、丁文江、丁文潮、丁文淵四兄弟前來，以小凳分坐在床邊，父親吸鴉片煙，與吉庵大哥橫躺在煙榻兩

邊，邊說邊談，四兄弟在旁聆聽，津津有味。此種教育方法，當時環境是否得體，確係疑問，但利用空閒，隨時隨地談論做人做事掌故，使下一代多多了解家務，亦無可厚非也。

無論是私塾教育還是家庭教育，都是傳統的。30年後，丁文江對這種教育曾有這樣的評述：

先講青年的體格。三十年前受教育的青年都是在舊式私塾裏讀書的。不特一切的新式運動完全沒有夢見，而且受了「規行矩步」的影響，終年不肯勞力，因此「書生」變為全國最「文弱」的階級。三十年來的學校教育把這種惡習慣完全打破了。我十六歲以前沒有步行到三里以上，學地質的時候才努力學了走路。

不管丁文江的評價如何，有一點必須承認：丁文江的傳統文化功底、文字功底都是唸私塾的時候打下的基礎。丁文江出國後，「十年未嘗讀國書」，但他既能寫出流暢的白話文，又能寫一手古雅、凝練的文言文，這不能不感謝這11年的私塾教育。此外，他為人津津樂道的孝悌觀念、家族責任感，也是這種傳統教育在內心深處種下的因素。

隨著1902年赴日留學，這種傳統教育劃上了句號，家鄉的生活也劃上了句號；而且，在以後的日子裏，丁文江極少回家鄉。所以，1926年，丁文江在一次講演中說：「我是掛名的江蘇人」。

四、恩師龍璋

丁文江的留日之舉，是由他的恩師龍璋一力促成的。

1901年，丁文江欲投考南洋公學；當時須經地方官保送，因經知

縣龍璋面試，題為〈漢武帝通西南夷論〉。丁文江下筆神速，議論豪暢，龍知縣大歎異，許為「國器」，並納為弟子；又勸丁不去上海，而去日本。次年，龍先生便委託他的表親胡元倓（子靖）將丁帶往日本。

這位龍先生，是怎樣個人呢？

龍璋，字研仙，湖南攸縣人；是提倡新學的名士龍汝霖的兒子，龍潤霖的侄子。龍璋幼承家學，治小學甚精。郭嵩燾出使歸來，一談外國事，即被鄉人視為漢奸。龍璋往訪，「相得甚歡」，被郭引為知己。龍璋23歲中舉人，以中書改官知縣，分發江蘇。章太炎在〈龍研仙先生墓表〉中說：「雖官小邑，名聲出諸監司上遠甚，大吏多從決事。……及知泰興，泰興當長江孔道，過客多，君輒留與談國事。有遊學海外者，即與資裝，人人皆如其所欲，士以此歸君。」龍璋任泰興知縣是1900年，上任伊始，即行保甲法，建新學堂。次年，泰興發水災，龍璋上書，請修水利，以工代賑；又屢捐俸金，建築學舍。章太炎曾給以高度評價：「君在清世，位不過州縣，其風烈足以厲具臣，矯曲朝。晚乃佐革命，不大聲色，而功與開國諸將齊。制變有漸，不自乖異。於智仁勇可謂參之矣。」

對龍先生的知遇之恩，丁文江終生感念。他不止一次說過：若不遇見龍先生，他一生的歷史或者完全不同，至少不能那樣早出洋留學。1911年，他自英國學成返鄉，路經湖南，專門到長沙拜謁恩師。1935年12月2日，丁文江再次來到湖南，下車伊始，即表示：到湖南一定要看兩個人，一是胡子靖先生，第二個就是師母龍研仙夫人。12月5日，也就是他煤氣中毒前三天，徒步登上了海拔1000多米的衡山，拜

謁龍研仙先生紀念亭。朱經農回憶說：

　　三人同至烈光亭讀龍研仙先生的紀念碑。在君在碑前徘徊甚久，並為我等追述當年如何遇見龍研仙先生，命其作〈通西南夷論〉，如何勸其研究科學，並託胡子靖先生帶其出洋。談話之中，流露出深切的情感。

　　又作懷師詩：

　　十五初來拜我師，為文試論西南夷。

　　半生走遍滇黔路，暗示當年不自知。

　　海外歸來初入湘，長沙拜謁再登堂。

　　回頭廿五年前事，天柱峰前淚滿腔。

第二章

負笈東瀛

　　我常想天下的冒險事，不計成功或失敗，只要有正當目的的即是勇敢，若是任性胡為的則是糊塗。那末我們冒險到英，不能不算是在君一件勇敢之事。

　　　　　　　　　　　　　　　　—李祖鴻

一、雲蒸霞蔚留日潮

　　中國日本，一衣帶水；友好交往，源遠流長。自西元7世紀至19世紀60年代，日本在思想、文化、制度、風俗、建築甚至飲食、服飾等方方面面都深受中國影響。那時候，中華文物在日本是備受推崇，日本人對中國也是敬仰有加。

　　伴隨著明治維新的成功，日本的現代化程度在亞洲已是遙遙領先。漸漸的，日本對中華文化的態度也日趨淡薄；到甲午一役，日本大勝，中國慘敗，日本對中國的態度乃

發生根本轉變：不論在政治上、經濟上、文化上都輕視中國。甲午巨痛也促使國人猛醒：日本維新之有成，在善於吸取西洋文化所致。自此，舉國上下，莫不視遊學東瀛為富強之要徑；且東遊又有路近、費省、文同等多種便利，於是，就形成了一股雲蒸霞蔚般的留日熱潮。1896年，清政府派出唐寶鍔等13人赴日，是為戰後第一批留日學生。1898年3月，日本駐華公使矢野文雄對總理衙門稱：為了增進中日友誼，日本願意負擔二百名中國留日學生的經費。因此，從1898年起，中國派遣大量留學生到日本，以後逐年增加：1902年達500人，1906年激增至8000多人。當時，地處閉塞之地的泰興，與這種留日風潮似乎關聯不大，丁文江1902年的留日之舉，完全是外來的士人龍璋促成的。

丁文濤後來回憶說，他的二弟文江在東渡前，頗有阻力：

弟之將赴東也，戚友多疑阻，先嚴不免為所動。緣泰興為濱江偏邑，風氣錮塞，遠涉數百里，已非習見，

胡元俊（1872～1940）

遑論異國。又先一年，先慈甫謝世，故先嚴尤不願弟遠離膝下。然以弟遊學之志甚堅，始從其請，而資斧不足，先嚴舉債以成其行。

幸虧，丁吉庵先生還算有遠見，這個由丁文江的恩師龍璋一力促動的留學計畫才沒有被擱淺。而此時，湖南選派游日公費學生10人，也將赴日，其中便有後來被稱作「磨血老人」的胡子靖；而胡氏又恰恰是龍璋的表弟。胡子靖一干人在放洋前，曾專門取道泰興，拜訪龍璋，龍知縣便委託胡子靖將丁文江帶上，於這一年的春天一同東渡。這樣，15歲的鄉村少年丁文江就成了一名自費留日學生。

同一年到日本留學的，有後來成為大文豪的周樹人（魯迅），成為大學問家的陳寅恪，以及後來學礦、又與丁文江在農商部同事的顧琅等等。

二、留日生活

丁文江到了東京，住在中國留日學生的中心地神田。神田區是個名副其實的留學城，這裏不僅是中國留日學生總部—留學生會館的所在地，而且還有各省同鄉會，各種學會，以及圖書雜誌發行所，又有為中國人開設的書店。

1902年，尚屬留日運動的初期，各種制度尚不完備。在日本的兩年，丁文江並沒有進正式學校，但已初步接觸現代科學文化知識。他後來回憶：

我第一次看見中國地圖是在日本……三十年前的青年只知道讀死書，不知道觀察實物。中了這種教育的毒，對於科學就根本學不會的。我第一次在日本學幾何的時候，只覺得教員講的一個點，一

根線，是一種毫無意識的舉動。凡是近年來在大學教過書的人都知道這種毒漸漸的消滅掉了。

同那個時代的很多優秀人物如胡適、梁漱溟、毛澤東等一樣，丁文江也非常愛讀梁啟超編的《新民叢報》，而且每期讀後，必定寄回給大哥丁文濤。文濤也曾感到異常興奮，努力於地方的新興事業，自稱為「少年中國之少年」。

在日本兩年，丁文江與其父兄往來函劄有近1000通（其中丁文江寫的有300餘通），內容包括「先嚴之訓誨，昆季之至情，家庭社會國家之狀況，乃至異域之政治制度風土人情」等方面。這本是他在日本學習、生活最寶貴的傳記資料。可惜，這些寶貴的函劄都遺失了。我們只能從他日後的零星回憶中搜尋點滴「掠影」。例如，1913年他在山西做調查時，曾有一次騎馬的經歷，於是，他就想到了最初在日本去學騎馬的情形：

我十幾歲在日本的時候，就到體

《新民叢報》封面

育會學騎馬。教授站在場子中間，拿一根長繩子拴住馬，再拿一根很長的鞭子，把馬打了轉圈子跑，初學的時，馬跑得慢。以後逐漸的加快。等到練習了許多時，馬跑快了也掉不下來，教授就叫你把腳蹬去了騎。再等幾天，不但腳蹬去了，韁繩也得放下，兩隻手先交叉在前胸，再交叉在後背，單靠著兩條腿夾住馬背，我起初的時候進步的很快，但是到了把腳蹬去了時候，就常常要摔下來。等到把韁繩放下，一兩分鐘之內一定躺在地下。學來學去，一點進步沒有，一失望就不再學了。

在日本，丁文江結識了不少中國留學生。現在我們知道的，有史久光、蔣百里、蔡鍔、朱先志、翁之麟、翁之谷、湯中、李祖鴻、莊文亞等等，這些人都成了丁文江一生的好朋友。其中，史、蔣、蔡、朱、翁等人都是習軍事的，他們大多進了日本的士官學校；受其影響，丁文江也非常希望學習軍事，只是當時清政府有規定，凡自費生不得

史久光先生

蔣百里先生

學軍事，丁文江的從軍夢才不得實現。後來，他起意到英國留學，最初也是抱著學習海軍的宏願去的。至於李祖鴻和莊文亞，則是和丁文江一同離開日本前往英國並共同歷風險、嘗甘苦，開闢新的學習生涯的「三劍客」。

在日本的兩年，丁文江也逐漸融進時代洪流，被時代的洪流裹挾著前進。當時留學生的主流思想和活動是談革命、寫文章、救中國，丁文江也走上了這條道路，他費去大部分的時間來寫很多的革命論文。他的朋友湯中回憶說：

（當時在君）和我同住在神田區的一個下宿屋，他那時候就喜歡談政治，寫文章。我記得東京留學界在1904年的前後，出了好幾種雜誌，……浙江留學生之有《浙江潮》，江蘇留學生之有《江蘇》。……《江蘇》雜誌第一次的總編輯是鈕惕生（永建）先生，第二次是汪袞甫（榮寶）學生，後來就輪到在君擔任。在君的文章也很流暢，也很有革命的情調（當時的留學生大多數均倡言排滿革

《江蘇》封面

命）……在君住在下宿屋，同我天天見面，他談話的時候，喜歡把兩手插在褲袋裏，一口寬闊的泰州口音，滔滔不絕，他的神氣和晚年差不多，只少「他的奇怪的眼光，他的虯起的德國威廉皇帝式的鬍子」而已。

江蘇籍留日學生合影

對於這段經歷，丁文江的朋友都有深刻印象。假如不是在這之後不久去了英國，或許，丁文江也能成為一名職業革命虯家！

談革命、寫文章，固然是愛國行動；但赴英留學，也是由於愛國心的驅使。李祖鴻後來回憶說：「在君那時的愛國心很切，那時無疑的……他對於救國方法，那時並無具體計畫，但是他覺得學問非常要緊，要救國必先要求學。」

晚年的吳稚暉

三、起意留英

1904年2月8日，日俄戰爭爆發。滿清政府宣告「局外中立」，任憑戰火在中國國土上燃燒，這深深刺痛了中國留學生。學子們極為憤慨，不少人投筆

從戎。此時，在蘇格蘭的吳稚暉致函莊文亞，對「日本留學生終日開會，吃中國飯，談政治而不讀書」的生活頗為不滿，而「留英讀書並不太貴」，因勸莊氏到英國留學。於是，丁文江、莊文亞、李祖鴻便起意一同前往英國，李祖鴻追述當年情形：

　　……後來日俄戰爭發生，在東京的中國留學生頗受日本人的誹笑，有許多學生因受了刺激，便無心讀書，在君那時也是其中之一人。又在那個時候，吳稚暉先生方居留在蘇格蘭的愛丁堡城中。他常有信給東京留學生，稱蘇格蘭生活的便宜，勸人去留學。據他的計算：中國留學生到那裏留學，一年只要有五六百元的學費，便夠敷衍。在君受了這種引誘，便動了到英國去留學的意思。我那時是和一個同鄉學生莊文亞君同住，莊君也在這個時候起意要到英國。他和在君一旦遇見，彼此一談，志同道合，他們出洋的醞釀，即就此開始。在君搬到我們那裏來同住了。他們時常商談出洋事，自然也衝動了我去英的念頭。但是我的家況和他們的不同。我父親是一文沒有，家用都是我先長兄祖年所供給……後來是在君出主意，由他先資助我路費，且同我出去，到上船以後，再報告家中，商量以後的學費。家兄祖虞和亡弟祖植都是同在東京，當然都瞞不過的，均由在君代我向他們疏通。現在我回想到這件事，我是一方面十分感激在君肯為朋友仗義任勞，同時我也不肯抹殺我兄和我弟的慷慨，竟允許我和丁、莊二君同去。

　　這個由三個不滿20歲的青年做出的決定，今天看來，不免有些冒險。他們既沒有英語基礎，也沒有穩定的資金作保證，弄不好，留學生涯隨時有中斷之虞。所以，無論是決定，還是行動，都是勇敢的。

若干年後，三個冒險青年都成了有大成的人，回首往事，李祖鴻無限感慨：

我常想天下的冒險事，不計成功或失敗，只要有正當目的的即是勇敢，若是任性胡行的則是糊塗。那末我們冒險到英，不能不算是在君一件勇敢之事。

第三章

在歐洲七年

在君是一個歐化最深的中國人，是一個科學化最深的中國人。在這一點根本立場上，眼中人物真沒有一個人能比上他。這也許是因為他十五歲就出洋，很早就受了英國人生活習慣的影響的緣故。

——胡適

一、從東洋到西洋

丁文江、莊文亞、李祖鴻三人決定赴英以後，繼續住在神田的租屋裏，預備了人約一兩個月的英語。丁文江的英語是一點根基都沒有的，比莊、李都差，但到出發的時候，一切買船票等交涉，都是由丁文江出頭了。

至於經濟準備，丁文江家答應給1000元左右，莊文亞不超過500元，而李祖鴻僅300元，合計不過1800元。他們的打算是，乘最

便宜的日本郵船的三等艙，此外加上治裝和沿途開支，到英國時還能剩幾百元。但時值日俄戰爭，日本船不能乘，只得改乘每人300元的德國船，再加上從東京回上海的旅費，以及在上海的旅館費，到上船的時候，就只剩了十多個金鎊了。

丁文江告別了前來送行的父親和長兄，與莊、李二人一道，開始了漫漫的海上旅行。他們雖然手中錢不多，卻仍是一樣花錢遊玩，並不著急——到了英國，找到吳稚暉先生，總會有辦法的。不過，有一天丁文江偶然聽人說，愛丁堡離倫敦很遠，每人火車票要若干鎊；再數數手中的餘款，已不夠買車票到愛城去了。遙想將來遠在異國，語言不通，舉目無親，果真缺錢流落就是討飯也沒處討。這時，他們才焦急起來。

李祖鴻繪《長恨歌畫意》之一部分

好在天無絕人之路。同船的有一位福建籍的方先生，在船經新加坡的時候，曾帶他們上岸訪問著名華僑林文慶，而林先生又建議並介紹他們在經過檳榔嶼時拜訪正在檳城的康有為。這

位流亡的南海先生遂成了他們的「救星」，救了他們的燃眉之急：

　　我們那時主義雖不傾向保皇，對南海還是崇拜的，會他一面豈不榮幸？因此船到檳埠，我們果然登門叩謁，南海出見我們後，問過姓名即發了一篇勸戒青年的宏論，說畢隨即問及我們各人的情況。代表我們答他的是在君。在君的言語是很得體的，絕沒有向他求助的口吻，然而究竟我們的情況奇苦，有許多地方在君也遮掩不住。南海聞聽之下，很代我們焦慮，一方面應允我們於他到英時（他說不久要去）為我們籌永久辦法，一方面由身邊取出十個金鎊奉贈，並有一函託我們帶給他女婿羅昌君。

　　5月19日，丁文江等三人在英國登陸；又得方先生朋友的幫助，他們順利地坐上了前往愛丁堡的火車。當他們深夜抵達愛丁堡，吳稚暉已經與另兩位朋友在車站等候了。吳先生已代他們找好了住處，但這位走南闖北的「革命老少年」一見到他們，不待他們求貸，就已

有莊文亞（後排左起第4人）的一張合影

丁文江後來曾償康有為1000元，以示不忘舊德。

27

看出了他們的窘困—事實上，他們的旅費只剩5鎊了—如果沒有康南海的幫助，他們真到不了愛丁堡！而文江們再看看吳先生給預備的住所，就知道他們當初的計畫又要失敗了：

我們在日本時，大家相約於到英國後，要住居陋巷，憑麵包白水過日子。今在這裏有如此的華居肉食，恐怕經濟上又要發生問題。待我們卸定行裝，向稚暉先生訴述我們的情況並報告我們的志願後，我們方知道我們以前的計畫果然是夢想。據稚暉先生之見，在愛城過我們預計的那種生活是不可能的，因為本城中國人少，城中人都注意我們。如我們在此過那寒酸的生活，是要為中國人丟臉的。倘我們願意，他可以和我們同到蘇格蘭的格蘭斯格（Glasgow）或英倫的利物浦（Liverpool）去住。那兩處常有中國水手往來，那地方的人對於中國人的寒酸氣是司空見慣了，所以我們在那裏不要緊。我們對稚暉先生所說，雖沒有什麼不同意，然而我們的錢囊已竟又是空了，即使要搬走，也不是一朝一夕能做到。若要說借貸，稚暉先生也窮得很，無錢可借，那末我們目前的幾日將如何度過？幸而我們到達的第二天，即把羅昌君的信轉寄給他，豈料他於我們千愁百慮的時期中，給我們一封回信，附了二十鎊的匯款。

羅昌先生的20鎊支持了丁、莊、李不少日子。三人與吳先生盤桓數日後，最後商定：吳先生帶文亞到利物浦去，文江和祖鴻仍留愛城。文亞所以要離開，主要因為他家無錢，不願常為丁、李之累。丁、李所以不去，是恐怕那種生活不宜讀書，若不讀書則不免失去了到英國來的目的。吳、莊去後，文江和祖鴻先是從一個蘇格蘭女子孔馬克（Cormack）夫人學習英語；不久，他們二人也離開了愛丁堡，前

往司堡爾丁（Spalding）進了Spalding Grammar School，開始了正式的留英生活。

後來，李祖鴻在回顧這段難忘的旅行時，曾總結道：「要知道我三人之中，在君實在是領袖，我們一切的計畫，言論，行動，大半是他出主意。我們如此的冒險出洋究竟對不對，功過可説都是在君的。」

二、中學：一年跳三級

1904年，國內已經有了很多專門傳授新知識的「洋學堂」，胡適就是這一年到上海的澄衷學堂讀書的。這一年，丁文江也在英國進了「洋學堂」，而且是原汁原味的「洋學堂」。一個偶然的機會，丁文江到了位於英國東部的小鎮——後來被他當作「第二故鄉」的司堡爾丁讀中學：

幸虧無意中遇見了一位約翰斯密勒醫生。他是在陝西傳過教的，知道我是窮學生，勸我到鄉下去進中學。於是我同我的朋友李祖鴻同到英國東部司堡爾丁（Spalding）去。這是一個幾百戶的鄉鎮，生活程度很低；我一星期的膳宿費不過十五個先令（合華幣不過三十元一月），房東還給我補襪子。中學的學費一年不過一百餘元，還連書籍在內。我在那裏整整的過了兩年；書從第一年級讀起，一年跳三級，兩年就考進了劍橋大學。

自然，丁文江的成績是非常優秀的，也頗受校長土意特（Tweed）的青睞，雖然遽然間須同時學許多門新功課，但第一學期終了時都得了獎。學校裏的格靈胡（Greenwood）老師，對丁文江分外器重，後來

丁文江學業猛進，很得他教導之功。丁文江考了第一以後，以前成績最好的同學司金諾不服氣，到教員桌上偷看丁文江的卷子；看了以後反特別和丁文江要好起來。

在司堡爾丁，除了努力功課外，丁文江還有了徹底瞭解英國人的機會。因為斯密勒先生的關係，「所有他的親戚朋友都待我如家人一樣。每逢星期六和星期日，不是這家喝茶，就是那家吃飯，使我有機會徹底的瞭解英國中級社會的生活。」李祖鴻後來也回憶說：

> 我們在此地，中國人一個不見，終日所交際的都是誠實的村人，且司密士（斯密勒）的家族親友，經密士介紹後，都把我們當自己人看待，家庭瑣碎絕不對我們有所隱藏，更兼格靈胡為盡其教育的責任，對所見所聞，處處對在君加以解釋和指示，所以在君此後可以對英國人的心理和思想，用正當的眼光去觀察，不至於誤解他們了。

這樣的留學生活，不僅使丁文江練就了一口純正的英國話，而且他的生活習慣也深受英國人的影響，最終成了「一個歐化最深的中國人」，「一個科學化最深的中國人」。而最重要的，恰如李祖鴻所說，是丁文江徹底地瞭解了英國人的心理和思想。這一長處，在五卅慘案發生後，就恰到好處地發揮出來了。慘案發生時，正在英國的羅家倫曾積極聯絡英國議會裏工黨議員，要求英國政府糾正上海英國軍警的暴行，可是國內來的文電，

> 都是充滿了感情發洩的詞句，而缺少對於事件真相平情的敘述和法理的判斷，所以極少可用的材料。此時恰巧有一個三千多字的英文長電轉到我手裏。這電報是由胡適、羅文幹、丁文江和顏任光

四位先生署名的，以很爽明鋒利的英文，說該案的內容，暴露英方
軍警的罪行，如老吏斷獄，不但深刻，而且說得令人心服。每字每
句不是深懂英國人心理的作者，是一定寫不出來的。於是我集款把
它先印行了五千份，加一題目為〈中國的理由〉（"China's Case"）
分送英國朝野。我由友人代約親訪工黨後臺最有實力的英國職工聯
合總會（Trade Union Congress）秘書長席屈林（Citrine）和他詳談，並將
此電原件給他看，結果爭取到他的同情。他並且要我添印若干份，
由他分發給他工聯中的小單位。因此工黨議員加入為中國說話的更
多，在英國國會裏發生了更大的影響。事後我才知道，這篇文章是
在君起草的，他真是懂得英國人心理的人。

　　由此可知，丁文江受小鎮的恩賜實在太多了。27年後，丁文江又
重訪小鎮：

　　……記得唯一的旅館，「紅獅子」是在市場（Market place）上
……出了「紅獅子」的門，記得應該先向左轉，再向右轉。果然不
錯，走不幾時望見了滿鋪著爬山虎的牆了。門前是短鐵欄杆，門裏
一塊草地，右面一個門是校長的住宅，左面是講堂，完全與二十九
年前一樣─不過左面新添了一座新房子……

　　出了學校向右手轉不幾步就到了維蘭得河邊的小橋。當年我住
在河的右岸。每天要經過此橋四次。從寓所到學校不過十分鐘，但
是遇見雨雪也就很狼狽。記得第一年冬天鞋子穿破了，沒有錢買新
的。一遇下雪，走到這座橋，襪子一定濕透了。從學校回家，當然
可以換襪子的。可是到家的時候襪子只有兩雙；一雙穿在腳上，一
雙在洗衣服坊裏。沒法子只好把濕襪子脫下來在火上烘。吃中飯的

時候，往往濕襪子沒有烘乾，就得穿上跑回學校上課去。

⋯⋯回轉頭來，看見橋頭上一家藥房。記得這是中學裏教化學的貝爾（Bell）先生開的，但是招牌已經換了。走了進去，櫃上站著一個中年的男人。我向他問道，「這不是原先貝爾先生開的嗎？」「是的，貝爾先生死了多年了。我是他的女婿。你怎麼認識貝爾先生？」「我在此地中學讀過書。他曾教過我化學。」「啊！你是文江吧？我常常聽見他們講起你來。一年跳三級，兩年進大學。就是你吧？貝爾太太還活著呢。她一定歡喜看見你。請你五點鐘到我家裏吃茶好不好？」

出了藥房門沿河走去，早望見法諾在門前等著我。他歡天喜地的接著我進去⋯⋯說著又同我向各處看了一遍；「這是你以前睡過的屋子。這是你教我解剖田雞的臨時實驗室。你看這房子比以前有不同的地方嗎？」「我從前覺得你家裏房子很大。現在似乎變小了。」「哈哈！我家的房子並沒有變小；是你的眼睛眶子變大了！」

⋯⋯到了門口，一個白頭的老僕對我說道：「老太太不認得你了。我卻沒有忘記你。你記得我在這邊草地上教過你騎馬嗎？」「怎麼記不得！你故意的把馬打了亂跑。幾乎把我摔死！」「哈哈，他們那時都說你如何聰明。想不到你騎馬那樣不中用！」

法諾又同我去看了一個老教員，他沒有在家。忽然有一位中年婦人開著汽車趕了來：「文江！你還認得我嗎？」我細細一看，原來是顧克先生的大小姐。我認得她的時候她才十四歲⋯⋯

走到吃茶的人家，開門的卻是老貝爾夫人。她看見我如親人一樣，拉著我說道：「可惜我的丈夫不能見你─他死了十年了。你是

他的最得意的學生。我還記得你化學考第一得獎。他對梅和羅伯說：『你們還不用功，看一個外國孩子，不上一年考在任何人的前面。』他是得肺炎死的。幸虧梅的丈夫很好。我就和他們同住……」說著，她的女婿，女兒，孫女，和兒子都回來了。圍在一桌子吃茶，談起許多舊話，彷彿是自己家裏人一樣。

吃了茶去看梅貝遐，剛坐下來，忽然有人在窗子外面喊我的名字，回頭一看，原來是司金諾……

因為我要打聽舊日女房東的消息，梅同我去看她的老朋友班奈兒夫人。她今年八十二歲了……她記憶力絲毫沒有差，問起我的舊房東來，方知道她已經死了十幾年了。班奈兒夫人的第五個女兒對我說道：「你還練習鋼琴嗎？我記得你跟我學了兩星期就能夠彈Home！Sweet Home!」我笑道：「你不要挖苦我了。你難道不記得？等到你在鋼琴上彈這個調子的時候，我一點聽不出。你氣極了不肯再教我！」「不錯，你的耳朵是差一點！」……

丁文江在中學讀書的時候，還有一事足記：他曾經到倫敦拜謁過孫中山先生。1905年的一天，丁文江無意間在報上看到有關孫中山先生的報導，說孫先生正在倫敦「預備一切，將回中國起事」。看到這則消息後，丁文江立即致函報館，希望得知中山先生的住處，以便拜訪。但報館覆函說，他們無權告知孫的住址，不過卻將丁文江的信轉給了孫中山。不幾日後，丁文江就收到了孫中山先生的回信，表示非常願意見丁文江，並將住址告訴了他。這樣，丁文江如約前往倫敦會面，中山先生留給丁文江的印象是：「面目甚黑」，「彼意全重兩廣」。

三、考入劍橋大學

1906年，丁文江以優異的成績結束了中學學業，並考入了入學考試極為嚴格的劍橋大學。這實在是為中國人爭光的一件事。據李祖鴻回憶，丁文江在劍橋選習的大概是文科。由於受了名師的指導，其英文水準突飛猛進，不時有文章在雜誌上發表。

可惜，好景不長，丁文江因為繳納不起昂貴的學費不得不在入學半年後輟學。

劍橋大學一角（感謝劉洪濤先生提供）

　　本來，丁文江和李祖鴻所以到司堡爾丁讀中學，主要就是為了省錢；但是，窮困卻一直困擾著這兩個遠在異國他鄉的莘莘學子。同出國的時候一樣，在歐洲的7年裏，丁文江與李祖鴻一直是「經濟通用，患難相共」的。李祖鴻曾經有一段在司堡爾丁時候的刻骨銘心的回憶：

　　我還記得有一次我們手中缺用，我去家函催電催匯款都沒有回信。我是鞋頭開口幾不能步行，不記得在君為什麼也焦急萬狀。我兩人攜手在校門前踱來踱去約有兩個鐘頭，沒有想出辦法。到第二天我家款幸而寄到，救了急，但是這兩個鐘頭的情景，在君和我都始終沒有忘記。

　　當時清政府規定，私費留學生能夠考進外國大學的可以遞補官費。丁文江考進劍橋後，幾次考得第一，但是始終沒有得著官費；而同時就有屢次入學考試不及格而補得官費的兩個人！為申請官費，丁文江曾上書兩江總督端方，「書中並論及國事」；結果，端方「優詞致答」，並指令泰興縣每年給幾百元的津貼。但這與昂貴的學費相比，無異於杯水車薪，丁文江只好輟學了。

四、在歐洲大陸遊歷

　　1906年年假，丁文江來到了約克府（Yorkshire）的董克司多（Doncaster），在患難與共的朋友李鴻祖的求學處小住。他們是中學畢業後分開的，丁文江考入劍橋，祖鴻則入了董克司多城內的美術學校。文江告訴祖鴻，說他不再到劍橋去了，因為那裏局面很大，現有的經費支持不住的。從這時候到能改進別的學校，還有八九個月的光

景無事可做,丁文江便到歐洲大陸去遊歷。他在大陸上住的最久的地方是瑞士的羅山(Lausanne),至於他在歐洲大陸上居住,不但使他對於歐洲政治的觀察有了長進,又使他的法語可以談話自如。

1907年夏天,丁文江寫信給李祖鴻,約李一同到蘇格蘭的格拉斯哥(Glasgow)去讀書,因為他探聽得那裏的美術學校很好,而他也可以預備來年投考倫敦大學的醫科。這樣,兩位老友又在格城相聚。

五、格拉斯哥大學

在格拉斯哥的第一學年,丁文江先是進入這裏的專科學校(Technical College)選科,以準備報考倫敦大學醫科。倫敦大學的考試分中間考試和畢業考試,每次考試,要各門功課同時錄取,若有一項不及格,則全部作廢。恰巧,丁文江有一門功課不及格,這是他求學生涯中唯一的一次走麥城。經此失敗,丁文江便放棄了學

張軼歐(1881-1938)

醫的志願，於1908年改入格拉斯哥大
學。而此時，他的思想已轉向科學方
面。

進入格大後，丁文江專修動物學，
兼修地質學。1910年，他又把地質學由
副科改為主科，把地理學作副科。英國
是地質學、特別是地層學的發祥地；創
建於1451年的格拉斯哥大學，是英國地
質學的一個重鎮。格大地質學教授格里
哥里（J. W. Gregory），學問、人品俱屬
一流，是丁文江最欽佩的老師。格里哥
里主攻構造地質學，是一位探險地質學
家；丁文江在某些方面是他的繼承者。
1922年5月，格里哥里和他的兒子進入
中國雲南，進行了三個月的地質考察，
丁文江曾給這位昔日的老師提供很多幫
助。格里哥里在他的著作中曾一再表示
感謝。

格拉斯哥大學一角

在格拉斯哥大學，丁文江廣泛閱
讀科學、哲學、經濟學等方面的書籍。
經濟學方面，凱恩斯的書他每本必看，
深受其影響；科學方面，對他影響最大
的三個人是達爾文、赫胥黎和皮爾遜。

1923年，他挑起「科學與人生觀」論戰，在論戰最後，他列了平日自己愛讀，也是論戰中參考過的一個書目。這個書目包括：達爾文著《物種由來》，威爾遜著《發生同遺傳中的細胞》，摩根著《試驗動物學》，康克林著《遺傳與環境》，托姆森著《遺傳性》，愛因斯坦著《相對論》，索迪著《物質與能力》，施羅森著《創造的化學》，基斯著《人類的古代》，德克峨士著《體形學與人種學》、《有史以前的人》，戈登魏澤著《人種學引論》，賽推克著《科學小史》，梅爾士著《十九世紀歐洲思想史》，皮爾遜著《科學的規範》，傑文茲著《科學通則》，赫胥黎著《方法與結果》、《科學與教育》，韋布倫著《近代文化中科學的地位》，索迪著《科學與人生》，魯賓遜著《在製造中的心》，詹姆士著《心理學的通則》，諾司峨塞著《孩童心理學》，何爾姆士著《動物智慧的進化》，馬赫著《感覺的分析》，羅素著《心之分析》，杜威著《哲學的改造》，杜威著《實驗論理文存》，杜威著《德國的哲學與政治》。這些跨不同學科的書，大多數都是丁文江在格大讀書的時候就讀過的。

在格大，丁文江不但獲取了不同學科的的各種科學知識，還掌握了一個科學家的國際性專業和思維，並養成了科學化的性格。有一次他在一個實驗室做實驗，覺得很難，他回到住地後一面對李祖鴻表示他對師長的佩服，一面對自己說：「我必須養成這種好習慣，方始有真正求學和做事的才能。」

1910年，丁文江和李祖鴻在張軼歐的幫助下，忽然有了補全官費的希望。因文江馬上要畢業回國，就把官費讓給了祖鴻。而李祖鴻不但補了夏間的官費，還從這年的1月起一次性補給了一百多鎊。而這

筆錢又變成了性喜遊歷的丁文江回國後第一次內地旅行的旅費。

　　1911年4月，丁文江手持格拉斯哥大學動物學和地質學的雙學位，結束了7年留學生活，踏上了回國之路。

第四章

學成歸來

　　1911年，既是中國近代史的重要分水嶺，也是丁文江一生中重要的轉折年份。這一年，他得了2個洋學位，又考取了清政府最後授予的一批進士功名，還迎娶了一位素不相識的大家閨秀作終身伴侶。

一、第一次國內遊歷

　　為了到內地遊歷，丁文江沒有在上海登陸，而是把登岸地點選擇在越南北部港口城市海防。5月10日一登岸，即改乘滇越鐵路北進，途經勞開、河口、蒙自於12日抵昆明。在昆明共逗留兩個多星期。其間，他在城郊作了考察，而時任雲南高等學堂監督的葉浩吾曾提示丁文江讀《徐霞客遊記》，葉先生也曾極力挽留丁文江在雲南教書，但他還是決定先由貴州、湖南回家。

　　5月29日，丁文江離昆明，沿途經過馬

龍、霑益、白水鎮、平彝、亦資孔、毛河口、郎岱、坡貢、黃果樹、鎮寧、安順、安平、貴陽、龍里、貴定、清平、黃平，於6月29日抵達鎮遠。一路上，丁文江曾因地圖的錯誤而深深慨歎「我們這二百多年地理學的退步」；他還親眼目睹和感受了貴州的貧窮與落後；而他對貴州少數民族的觀察，則引發了他對人種學的興趣。所有這些，都成了他日後研究、關注的課題。關於「地理學的退步」，他在〈漫遊散記〉中説：

從昆明經過馬龍，霑益到白水鎮，有英國軍官戴維士所測的地圖，沿路的距離高度都還可信。過了白水向平彝縣，再向東到貴州境內就只有武昌輿地學會所出版的略圖可供參考；高度完全沒有測過。照這個圖，從平彝到貴陽的驛道，要經過亦資孔、普安、盤江、鐵索橋、永寧、關索嶺到安順的黃果樹。我從平彝起，就自己用指南針步測草圖，並用氣壓表測量高度。過了亦資孔，我以為一定快要到普安了，而大路忽然走向了東北，經兩頭河、劉官屯、楊松、罐子窯、花貢，向毛口河。以上的地名除劉官屯、毛口河以外，都不見於圖上。從亦資孔到毛口河要走五天。我天天打聽什麼時候可以到普安，天天不得要領。以後快到毛口河，我詳細問我的夫頭。他說大路不但不經過普安，而且並不走鐵索橋、關索嶺。一過了毛口河就到郎岱，然後再經坡貢到安順的黃果樹。他走了幾十次，都只知道這一條驛道。我當時大惑不解，何以武昌輿地學會的圖竟會把驛道都弄錯了。以後到了貴陽，買了一部貴州通志，方始知道老的驛道原是走普安、鐵索橋……但是雍正七年鄂爾泰已經奏明把驛道改到毛口河、郎岱了。再仔細一想，武昌輿地學會的圖就

是所謂胡文忠公地圖，是根據乾隆年的大內輿圖翻刻的。大內輿圖雖是在乾隆年刻的，實際是用康熙年間天主教教士所測的圖做藍本的，並未加以絲毫修正。新驛道是雍正七年改的，圖是康熙年間測的，當然不會相符合的。所可怪的是，這是雲貴兩省的大道，每年來往的士大夫不在少數，竟沒有人發現圖的錯誤！因為不但是武昌輿地學會的圖如此，所有商務印書館的「最新」中國地圖，和英、德、法、日文的一百萬分之一的圖都是如此！一條貫通雲貴兩省的驛道，在圖上錯誤了二百多年，沒有人發見，足見我們這二百多年地理學的退步。

關於貴州的貧窮與落後，他記道：

一到了貴州境內，連這種壩子都沒有了。每天所看見的，不是光禿禿的石頭山，沒有水，沒有土，沒有樹，沒有人家，就是很深的峽谷，兩岸一上一下，都是幾百尺到三千尺。只有峽谷的支谷裏面，或是石山的落水塘附近，偶然有幾處村落。所謂城市都在這種比較淺而寬的峽谷裏面，例如貴陽；或是比較大的谷落水塘中間，例如安順。從雲貴交界的亦資孔驛起，到沅江上游航路終點的鎮遠止，一千里路，經過郎岱、鎮寧、安順、安平、清鎮、貴陽、龍里、貴定、清平、施秉、黃平、鎮遠十二個州縣，人口過一萬以上的只有貴陽、安順兩縣……沿途的鎮市村落，沒有過一百戶的。統計路線所經過的一千里路，自西到東，穿過全省，路邊上的居民，一共不到十六萬人，若是除去貴陽、安順兩個大城，其餘的不過四萬多人！

田地人口如此的少，省政府的收入當然很是有限……而且因為

「地無三里平」的原故，通省沒有車輪子的影子。……在當日貴州生活狀況之下，除了鴉片之外，農產物已經絕對不能外運。……然而有兩件必需品，貴州不產，非向外省運來不可：第一是食鹽，第二是棉花。由這一點看起來，貴州連雲南都比不上：因為雲南本省有鹽井，鹽比較的便宜。

〈漫遊散記〉記丁文江第一次接觸西南土著民的印象：

……我自己也到場上去玩玩，當時就看見許多奇裝異服的女人引起我的注意。第一種是穿百摺長裙子的，頭上戴一頂涼帽，上身穿一件大袖子的短襖，束在裙子裏面，但是也用紐扣扣著。衣料是一種藍底白花的棉布，腳下都赤著腳穿草鞋。飯店的人告訴我這是狆家子。我看她們衣服雖然多半是舊的，但是洗得很乾淨，皮膚也生得很白，身材在一百五十二三公分左右，行動很活潑，很給我一種好的印象。第二種是穿長領襖子的。衣服沒有扣子，用一根帶子束在腰間。裙子很短，腿上束得有裹腿布，頭上盤有纏頭。腳底下都是光腳，不穿草鞋。所有的衣服，裙子，纏頭，裹腿一律都是青的。有的是棉布，有的是一種粗麻。衣服都是舊的，而且很不乾淨。身材要比狆家子要低二寸多，皮膚也比較的黑些。相形之下，遠不及狆家的入眼。這是所謂青苗。第三種人的裝束格式與第二種大致相同。身材皮膚也差不多，但是渾身上下，穿著的都是紅白二色相間的花布，連裹腿都是如此。這是所謂花苗。他們買賣交易，都用漢話，對自己人則仍各說各的土話……這第一次與西南土著民的接觸，很引起了我對於人種學的興趣。

7月6日，丁文江從鎮遠動身，於13日到常德；旋乘小火輪赴長沙。抵長沙後，丁文江專門拜謁了恩師龍璋。

丁文江離長沙後，經漢口乘江輪南下，經蘇州、南京返鄉。7月底，抵蘇州，專門探望了留日時期的同學史久光，並告以所以不能學習海軍而改習地質的原委。史久光的六孀母左太夫人非常器重丁文江，將史久光堂妹史久元許配給丁。離蘇州時，丁文江邀史久光同回泰興黃橋鎮，一同準備京城遊學考試。到南京時，丁文淵已經帶領一個有旅行經驗的男僕，等候多日了。丁文江兄弟在南京接受了留日時的友人朱先志（黃橋鎮人）的盛情招待後，從南京坐江輪回泰興，到八圩港卜輪船，換乘民船去黃橋。

丁文江回鄉時，適辛亥革命前夕，不逞之徒，乘機煽亂；丁文江乃宣導地方組織保衛團，維持治安，地方上遂「風鶴不驚」。其治事才幹，至今流傳鄉里。

史久元（1887～1976）

二、最後一批進士

　　為了獎勵留學，清政府特於1901年9月16日諭令各省督撫：對學成回國之留學生，按其所學，分門考驗，出具考語，擇優獎勵，並降旨給以進士、舉人出身。1903年，張之洞奉詔擬訂的〈獎勵遊學畢業生章程〉10條，為獎勵留學生有定章之始。但這個章程，僅列獎勵準則，而沒有談及考驗辦法。1904年，學務大臣奏定〈考驗出洋畢業生章程〉8條，規定：今後每年舉行一次歸國留學生考試；考試分兩場，第一場在學務處，按學科門類考試，第二場在保和殿，以經史命題；將兩場成績合併計算，擇定等第（分一、二、三等，即最優、優、中等三級），分別賜予進士、舉人、拔貢等出身，再分配官職。

　　1905年，學務處組織第一次留學畢業學生考試，共有金邦平、唐寶鍔、曹汝霖、陸宗輿等14人應考，一律及第，分賜進士、舉人等出身，分配了翰林院檢討、內閣中書、知縣等官職。

　　同年12月，學部成立後，於次年10月奏定〈考驗遊學畢業生章程〉5條，規定：考試分兩場，第一場考畢業生文憑所注學科，第二場考中國文、外國文；成績分最優等（給予進士出身）、優等、中等三級（給予舉人出身）。同月舉行的第二次留學生考試共錄取32名，其中最優9名，優等5名，中等18名。

　　1911年，學部舉行第7次遊學考試—也是最後一次，不數日，武昌的革命就成功了。丁文江參加這次考試，趕了一個末班車。10月4日，公佈成績，丁文江名列最優等。這次考試，最優等59名，優等123名，中等311名。10月27日丁文江被「獎給格致科進士」，並「授農商部主事」。考試期間，丁文江結識了後來與他一道開創中國地質事業

的章鴻釗：

　　那一年，丁先生初從歐洲載譽歸來，只不過二十四歲的一位少年，一副英英露爽的眉宇和一種真誠坦率的態度，一見便知道他是一位才德兼優的人，已使我產生了一種相見恨晚的情緒；何況那時候在中國要覓一位地質學界的朋友，遠不像現在那樣容易，也許還沒有第二人，所以這一次會面，在我個人一生中，是最有意義的，也是不能忘記的。

三、蘇州完婚

　　丁文江在北京參加完遊學考試，即南下—不過，他沒有先回泰興，而是取道蘇州，與史久元女士完婚。史久元和她的堂兄史久光均少年喪父，都由其六孀母左太夫人撫養成人。2004年冬，為了調查史久元女士的傳記材料，筆者曾訪問史久光先生的五女史濟昭女士（協和醫院教授）。史教授告訴筆者，丁、史結婚前，丁文江曾與史女士約定，婚後不生小孩。

丁文江、史久元夫婦合照

丁文江圖傳

丁、史的婚期，在10月10日前後，也就是武昌革命的時候。婚後，丁氏夫婦感情甚篤，這在朋友間傳為佳話，傅斯年就曾經說：

論到在君之對家庭，真是一位理學大儒。他對於他的夫人史久元女士是極其恩愛的。他們兩個人的習慣與思想並不全在一個世界中，然而他之護持她雖至新至少年的恩愛夫妻也不過如此。丁夫人也是一位很可以敬佩的女士，處家，待朋友，都是和藹可親，很誠心，很周到的，並且對兩方的家庭都是絕對犧牲自己的。她不斷的病，在君便伺候了她二十多年的病，不特做她的保護人，並且做她的看護生。他真是一個模範的丈夫，無論在新舊的社會中，都做到這個地步了。

徐固卿先生

四、任教南洋

武昌首義後不久，革命的烈火也迅速延燒到江蘇。南京的新軍統領徐固卿，因為接受了他女婿翁之谷的勸告，

起兵回應。翁之谷就做了徐的參謀長，不久病歿，由他的同學史久光繼任，正和南京城內的張勳相持不下。翁、史都是丁文江的好友，他們都電函相邀，請丁文江去南京就任徐固卿的秘書長，但丁文江始終沒有接受，因為他認為救國莫如建設，而建設事業，又非切切實實去做不可，絕非革命動亂的時候，所能為力的。於是，丁文江拒絕了好友的邀約，而接受上海南洋中學校長王培蓀的聘請，到該中學任教。

私立南洋中學原名育才書塾，於1896年由王維泰創辦，校址在離胡適的出生地很近的上海大東門王氏家祠。1900年夏，王培蓀繼任校長，次年更定校名為南洋中學。1907年，由總督端方批准歲撥補助費4200元。1908年又購買外日暉橋基地18餘畝，建築新校舍，1909年遷入開學。

丁文江在南洋中學擔任的課程，主要有：化學、地質、動物、英文、西洋史等。他的學生李學清曾回憶當時丁文江授課時的情形：

前清宣統三年，余肄業於上海南洋中學，其時丁先生甫自歐洲歸，即經校長王培蓀先生聘請擔任化學及西洋史等教課，並加地質學入門一課。當時作者不知地質學為何物，經丁先生講解後，頗感興趣。時校中設備缺乏，丁先生即以日常所見者教之，如言「夏天陣雨之後，馬路上之泥土，為雨水沖洗，石塊露出，此之謂侵蝕」。其因地施教類如此。余之有地質學知識，實自此時始。

後來，丁文江本人也對這段為時不長的教書生涯，有過簡略回憶，可見當時中學教育之一斑：

十三年前，我在上海教書，最使我奇怪的事，是中學校以上的科學，都是用外國語教授，校長以此為條件，學生以此為要求，

丁文治

丁文淵

教員以此相誇耀；還有許多不通的留學生，說中國話不適用於教授科學！我初起還認為這種風氣只是在上海通行，以後到了北京，才知道北京的學校也是如此⋯⋯

任教之餘，丁文江還應張元濟之約，編寫了《動物學》教科書；這本用進化論觀點寫成的教科書，深受學生喜愛。據丁文江後來回憶，他所以接受張元濟的約請，主要是為了貼補家用（編這本教科書所得的稿酬是400元）。自丁文江擔任教職後，所得收入，主要用以擔負贍養父親、教育弟弟等大家族開支。丁文治說，丁文江從26歲至48歲的22年中，先後擔負：（一）對母舅每年五百元的贍養，（二）對一位貧困兄弟每年三百元的津貼，（三）對四個小兄弟和一個侄兒的小學中學大學的教育費用和留學費用，（四）家庭中任何人意外遭遇的支出。所以全家的重心在他身上，全家的經濟的壓力也在他身上。

據丁文淵回憶，文江在南洋中學教書時，曾將他帶到上海。因為文淵沒有

進過學校，沒有學過英文，無法考入上海的中學，只好進了當年同濟的附屬德文中學。

這裏有必要補敘一下有關丁家的家族情況：文江生母單夫人病故後，丁吉庵老先生又娶一位譚姓姨太太。這位譚女士不認字，一口蘇北話，是泰州城裏一個大戶人家的丫鬟，用一頂青布轎子抬進丁家花園的。在丁文江留學期間，譚女士先後生下三子：文瀾、文浩、文治。

第五章

為中國地質事業奠基

建造中國地質學之基礎，及擘畫其發展之途徑，丁文江博士實具最大之功績。

——葛利普

人才之訓練，不過為事業之發端；研究之精神，必須確立；堅強之中心與重要之設備，必須創設。中國地質調查所之發展，在效能方面，能有今日之超越地位，實為丁博士紀功碑之一也。

——葛利普

一、第二任地質科科長

1912年底，正在南洋中學教書的丁文江，突然接到來自北京的一封信；信是由老朋友、工商部礦務司長張軼歐寫來的：正式邀請丁文江到該司地質科任職。對這個與自己所學專業極為對口的職位，丁文江自是滿

意，於是在不到10天的時間裏，他就辭
去了教職，打點好行裝，匆匆趕到北京
上任了。

　　丁文江到任伊始，即被任命為工商
部僉事；不久又被任命為地質科科長。
地質科是我國最早的地質行政部門，它
設立於1912年年初，隸屬於臨時政府實
業部礦物司，首任科長是章鴻釗。章氏
就任科長後，即草擬「中華地質調查方
法」，提出設立地質講習所以造就調查
人員。他認為，這是「經營地質調查實
業之始」；因為「無調查之人，即不能
講到調查之事業也。」但他的提議，並
未得到實行。1912年4月，政府北遷，
實業部分為農林、工商兩部，地質科劃
歸工商部。章氏主張不能得到實行，於
是藉故離開，改任農林部技正。而到
1912年底，地質科幾同虛設。

　　丁文江初到時，張軼歐指著一張
辦公桌説，這就是你辦公的地方。丁文
江默然就座後，從早到晚，無「公」可
辦，無事可做，想找書看找不到書，想
研究標本找不到標本；自己拿出李希

章鴻釗先生

霍芬的書來看，言及京郊地質，其中有地名叫「齋堂」，丁文江便向同僚詢問此地在何方？但無一人可知。這樣一天下來，丁文江不免失望，晚間下班後，不免對張軼歐有所怨言。但張軼歐卻笑著說：正因如此，所以才請你來。如果萬事俱備，你來了還有何作為？況且我早有成算。於是他就拿出章鴻釗的〈中華地質調查私議〉給丁文江看，並與丁文江商定：先從設研究所開始。後來，丁文江又回憶說：

> 我這一科裡有一個僉事，兩個科員，都不是學地質的。「科」是一個辦公文的機關，我的一科根本沒有公文可辦。

這就是民國元年的工商部地質科。丁文江就任地質科科長，是其躋身開創中國地質事業行列之始，也是我國地質學科興盛的關鍵性事件。

二、創辦地質研究所

同章鴻釗一樣，丁文江也堅信：要從事地質調查工作，必先從培養人才做起。因此，創辦一個專門地質教育機構——地質研究所，就是他在地質科長任內最主要的工作。

本來，培養地質專才的工作應由高等院校來承擔。但當時國內唯一設立地質學門的北京大學卻不能承擔此一重任。這主要是因為，京師大學堂所以有地質門，是因有一位德國地質學家在校任教才設立的，是所謂「因人設專業」；一開始就沒有立定為國家培養地質專門人才的宏旨。再加上當時世人對於地質之意義及其重要性，非常茫然。所以或有教授無學生，或有學生而未畢業，以後也因辛亥革命而完全終止。在地質研究所開辦前夕，北大地質門的實際情況是：1909

年只招到4名學生，到1913年畢業時，其中1人選送德國留學，只2人畢業。這樣，地質門就辦不下去了。鑑於這種情形，丁文江在〈工商部試辦地質調查說明書〉中說：調查地質著手之難，難於經費與人才。經驗之才、技術之士，非作育於前，難收效於後。北京大學地質科不足以供地質調查之用者，原因有三：緩不濟急、學生太少、學生過於文弱，不耐勞苦。因此，擬設地質研究所，招中學畢業學生學業優異、體力強健者，期於三年內造就技士。

至於開辦地質研究所所需要的校舍、圖書、儀器，均借自北京大學。地質研究所的入學考試，也是由丁文江主持的。1913年7月1日，招考工作在京、滬兩地同時舉行；後經綜合評定，共錄取「正取學生二十七名、備取學生九名」。9月4日，丁文江被工商部任命為地質調查所所長兼地質研究所所長。

10月1日，地質研究所開學，共有30人入學。

這樣，「設立專門機構以培養地質專才」，這個最早出自章鴻釗的提議，在丁文江的手中變成了現實。事後，章鴻釗曾經感慨地說：「丁先生是偏於實行的。往往鴻釗想到的還沒有做到，丁先生便把這件事輕輕的做起了。這不單是鴻釗要感激他，在初辦地質事業的時候，這樣勇於任事的人，實在是少不得的。」

1個多月後，丁文江先後到山西、雲南等地從事地質調查，地質研究所所務，便有章鴻釗專理，所長一職也有章鴻釗接任。到1914年底丁文江回到北京的時候，地質研究所在章鴻釗主持下，各項工作井井有條，蒸蒸日上。但有一件令章鴻釗大傷腦筋的事，就是找不到古生物學教師；丁文江便毅然擔任這門課程的教學工作（*每星期講義2小*

時、實習3小時）。這是中國人第一次教授古生物學。據丁文江的學生朱庭祜回憶，丁文江的教學工作，尚能勝任。除教授古生物學外，丁文江還講授地文學。

此時的丁文江，給地質研究所師生印象最深刻的，是他的格外注重實地觀察。其時，地質研究所學生來年夏季即將畢業，須加以實地訓練，丁文江等乃議每星期前後三四日間，分組赴京郊以及開灤煤礦、山東泰安等處實習，而由丁、章、翁三位各領一組，同時分道前往。丁文江認為，「要使學生能獨立工作，必須給他們許多機會，分成小組，自行工作，教授的責任尤在指出應解決的問題，審定學生們所用的方法，與所得到的結果」。以後的事實證明，丁文江的這種想法和做法是非常成功的，學生的能力就是在一次次野外實習中在老師的言傳身教中養成的；地質研究所培養出的18名正式畢業生，個個能獨當一面，且能做出實績，與當年老師的這種訓練是有直接關係的。

1915年5月，因章鴻釗外出調查鐵礦，丁文江被任命為地質研究所代理所長。

1916年7月14日，地質研究所舉行畢業典禮。經過三年學習，共有21人畢業，其中得卒業證書者18人，得修業證書者3人。丁文江出席典禮，並諄諄告誡畢業生：不可染習留學生習氣，不可過於計較個人薪水、辦事經費；不可染官僚之習氣而應勤儉自勵，盡出所學，實心做事。事實證明，丁文江要求的，都被他的學生們奉為後來地質調查實踐的準則。

在地質研究所學生畢業前夕，丁文江竭力主張停辦地質研究所，而將培養地質人才的任務交給高等教育機構承擔。在這一點上，丁文

江與章鴻釗、張軼歐是有分歧的。丁文江認為，調查人員應以調查事業為主，不應再為教課所縛；再則，地質教育應由大學來承擔，地質教育與地質調查二事應分途並進，各致其功。

　　僅辦過一屆的地質研究所在中國地質教育史上具有重要地位。首先，它開我國成功創辦地質教育之先河。由該所培養的18名正式畢業生，是調查本國地質礦產的先鋒隊；1916年，中國的地質事業，也因為有了他們的加盟而進入一新階段。地質研究所的絕大多數畢業生都成了中國地質界的台柱：葉良輔曾任中研院地質研究所代理所長，該院評議員，中山大學地質系主任；謝家榮曾任北京大學地質系主任，中研院評議員、首屆院士，資源委員會礦產勘測處處長，中國科學院學部委員；王竹泉是中國科學院學部委員；李學清曾任中央大學地質系主任；朱庭祜曾任兩廣地質調查所所長、貴州地質調查所所長；譚錫疇長期任職中研院地質研究所。

章、丁、翁與地質研究所部分畢業生留影

三、首任地質調查所所長

地質科時期，只能做些行政工作，談不到實際調查。丁文江任科長後，加快實現由地質科到地質調查所的轉變。這是因為，地質調查工作「與普通行政側重簿書者不同，必須有專門設備及特別組織方克進行」。

1913年9月4日，工商部飭令籌設地質調查所，並任命丁文江為所長。

這一天，是中國最早的地質調查機關、也是最早的科學機關─地質調查所的誕生日。

地質研究所學生成績展覽縮圖

當然，地質調查所仍隸屬於礦務司，且無定員，辦公地也仍設於工商部內，其經費亦無定額。年底，地質調查所改隸農商部礦政局，但人員、經費等情形未變。因丁文江在外從事地質調查，所長一職便由章鴻釗暫時兼代。

1915年底，正是袁世凱鬧著當皇帝的時候。12月30日，農商部奏請設立地質礦產局。

幾天後，「洪憲皇帝」批准了此請。12日，農商部派張軼歐兼任地質調

地質調查所附設地質礦產陳列館

地質礦產陳列館煤鐵礦產室內景

查局局長，派丁文江、安特生充任該局會辦，但實際工作仍由丁文江主持。2月2日，地質調查局正式成立。10日，農商部又任命丁文江兼任地質礦產博物館館長。地質調查局直屬農商部，設四股一館，共有職員39人；獨立預算，每年經費預算為68000元；辦公地也由粉子胡同農商部內遷到豐盛胡同3號及其兵馬司附屬房屋，有了獨立的辦公地址。

1916年10月，又由局改為所。新成立的地質調查所除每年經費預算仍為68000元不變外，由農商部直轄改隸礦政司，職員由39人縮減為24人。丁文江於11月1日被任命為地質調查所所長兼地質股股長。

此後，凡遇丁文江出差，所長一職通常由翁文灝暫代。

1920年夏，地質調查所修改章程，成為農商部直轄機關，進入到一個大發展的新時期。本來，我國地質機關由科而局而所，事實上與部署保存密切關係，所中之會計、庶務皆由部、科代

辦，而礦政司中關於地質事項亦皆由所主稿；但自1919年以後，所中專門設備逐漸增加，各種報告及論文亦開始出版。至1921年，又建築圖書館、陳列館，專門學術機關之規模粗具。

丁文江對發表學術論著，一向要求嚴苛，講求精備，力求盡善盡美。他最痛恨的，是「割裂抄襲以成書，剽竊一時之聲譽」的欺世盜名做法。1914年初，他從山西調查歸來後，張軼歐即勸其發表報告，但他以教課繁忙為由推辭了。長年的野外調查，使他累積了大量第一手材料。但整理、發表這些材料時，卻總是慎之又慎。因此，「他已出版的著作雖已甚多，但與可出版而尚未出版的材料相比較，那便真正太少了。……所以未及充分發表者，實因在君先生對於科學文字看得非常重要，他必要將各種問題研究得徹底明白毫無疑問方肯下筆，而且又特別講究繪圖的精密，地形地質都一絲不能苟且，如此慎重當然出版不易多了」。據統計，他已經發表的地質論文，恐不及實地工作之十分

地質礦產陳列館非金屬礦產室內景

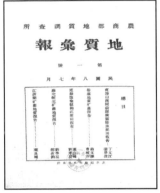

《地質彙報》創刊號 1919年印行

《地質專報》,是地質調查所出版
的另一種出版品

之一。張軼歐曾對丁氏的做法甚不以為
然,並與之辯論,但丁文江依然不為所
動。1917年,張勳復辟,北京起戰事。
槍炮聲震動了正臥病於醫院的丁文江,
深恐炮火波及地質調查所,使數年之心
血成灰燼;乃與同人銳意分任編纂付梓
事。這樣,復辟炮火就催生了《地質彙
報》和《地質專報》。《地質彙報》是
不定期的綜合性的地質調查報告集。

四、發起成立中國地質學會

到1922年的時候,中國的地質事
業已經走過了10年艱辛歷程。在這10年
中,逐步形成了以丁文江為首、以地質
調查所為中心的地質調查團隊。在被章
鴻釗稱作「中國地質事業籌備時代」的
1912、1913年,當時在我國習地質者還
只是僅有章鴻釗、丁文江2人;但到了
1914年,我國第一個地質學博士翁文灝
已在地質研究所任專任教員,瑞典人安
特生、丁格蘭也在地調所服務,因此,
丁文江從西南歸來看到的是:「一所之
中,有可為吾師者,有可為吾友者,有

可為吾弟子者，學不孤而聞不寡矣。」1916年，地質研究所培養出的
我國第一批地質英才到地調所服務；1919年，在歐洲訪問的丁文江多
方設法，將葛利普（A. W. Grabau）、李四光先後羅致到北大任教（二人
同時亦在地調所兼職）。1920年，北大地質系恢復招生後的第一屆學生
畢業，其中的佼佼者如孫雲鑄等亦兼職於地調所。這就是1922年以前
中國地質調查隊伍的形成、發展簡史。而在這10年中的後幾年，調查
工作全面展開，各種研究事業也蒸蒸日上。

在這種「濟濟多士」的情形下，丁文江、章鴻釗、翁文灝等發起
成立中國地質學會，實在可「算得是自然的進化，跟著時勢的要求來
的」。1922年1月27日（辛酉年除夕），26名中外地質學家在北京兵馬
司9號地質調查所圖書館集會，討論成立中國地質學會事宜，是為中國
地質學會「創立會」。會議由丁文江主席。與會人士逐條討論了學會
章程。丁文江並提議成立由章鴻釗、翁文灝、王烈、李四光、葛利普
五人組成一個籌備委員會，負責推舉學會職員候選人。

2月3日，中國地質學會在北京舉行成立大會。章鴻釗主席。大會
通過了學會章程，宣告中國地質學會正式成立。大會選舉出1922年度
職員：章鴻釗為會長，翁文灝、李四光為副會長，謝家榮為書記，李
學清為會計；丁文江當選為評議員。學會的刊物《中國地質學會志》
也同時創刊，而該刊的主編就是丁文江。丁文江在此次大會上發表了
題為「中國地質學會之目的」的演講，他說：

本會將為我們從事的科學的原理和問題，提供一個充分和自由
討論的機會。而在我們的政府機關中，則必須集中精力於經常性的
工作上，因而不可能做到這一點。本會還為我國各地的科學家定期

《中國地質學會志》，1922年創刊
，第一卷由丁文江主編

中國地質學會會徽

召開大會，這樣的交流和交換意見必然有益於所有的與會者，從而在我國的科學生活中形成一個推進的因素。

後來的歷史表明，中國地質學會在中國地質事業中所發揮的推進作用遠遠超過了丁文江的期冀。作為一個嚴肅的學術團體，它為中國地學界人士提供了一個良好的交流知識、發表論文的園地，而《中國地質學會志》以反映地質科學最新、最高的研究成果為特色，被國內外廣大讀者視為中國地質界最高水準的學術刊物。

經過10年艱辛開拓，到1922年的時候，胡適曾對中國地質學做出這樣的評判：「中國學科學的人，只有地質學者，在中國的科學史上可算得已經有了有價值的貢獻。」但這種驕人的成就，是在惡劣的軍閥時代、在腐敗的衙門空氣之中、在經費極度匱乏的困難情況下取得的。加之當時風氣未開，艱難滋甚。但作為「學術界的政治家」的丁文江似乎天生有一種迎難而上、「知不可為而為之」的堅韌品格。因此，面對困

難，總能披荊斬棘、迎刃而解。

丁文江是公認的中國地質學界的第一個獵人。作為中國地質事業初創時期最主要的拓荒者，在各方面都過多地打上了丁文江的烙印。他在該領域的重要貢獻，不僅在於通過自身的研究為本學科具體提供了一套全新的典範，更重要的是充分利用個人的辦事才具，積極營建出一個學科成長的健康環境。

李濟曾有這樣的評價：「……他想征服這種遺憾的困難，於是犧牲了自己的興趣，想法子造出一種環境，使來者可以享受他享受不到的工作機會。到現在，至少在地質學方面，青年有為的都有一條康莊大道可走。……丁在君是在這個開荒時期的最大領袖之一，雖說他未能見全功，他已經為中國學術開闢了一個新紀元。」

「奮鬥的精神，合作的態度，眼光的遠大，領導的成功」，這是黃汲清對丁文江等先驅的評價。這種評價，是最恰當不過的。

第六章

萬水千山走過

> 在君先生恰是中國地質學界中第一個獵人。
>
> ——翁文灝

德國地質學家李希霍芬曾在《中國》中這樣評價中國人：「中國學人動作之遲鈍，歷來是迅速行動的一種障礙，這是因為他們不能擺脫本國體面的成見。在他們看來，步行是降低身份，而地質學家的工作則是任何人都能簡單從事的。」應當承認，在民國以前，這樣的評價大體不差。但是，當丁文江和他的同事、學生用廣泛的實地調查做出大量讓世界震驚的實績的時候，也就等於宣示：李氏的評價已不再適用丁文江和他的團隊。而丁文江所以能改掉中國陋習，這與他所受的正規、嚴格的西方科學訓練是分不開的。

李希霍芬

CHINA

ERGEBNISSE EIGENER REISEN

UND

DARAUF GEGRUNDETER STUDIEN

VON

FERDINAND FREIHERRN v. RICHTHOFEN

DRITTER BAND

DAS SÜDLICHE CHINA

NACH DEN HINTERLASSENEN MANUSKRIPTEN IN LETZTWILLIGEM AUFTRAG
DES VERFASSERS

HERAUSGEGEBEN VON

ERNST TIESSEN

Mit 101 Profilen und Abbildungen nach Original-Vorlagen des Verfassers, 7 geologische Karte
5 geologische Profil-Tafeln und 2 Übersichts-Tafeln nebst einem alphabetischen Index für
Band II und III des Werkes.

BERLIN 1912
VERLAG VON DIETRICH REIMER (ERNST VOHSEN)

李希霍芬著《中國》

　　為取得第一手材料，丁文江力倡「登山必到峰頂，移動必須步行」、「近路不走走遠路，平路不走走山路」之準則，並身體力行。即使條件惡劣，也絲毫不放鬆。如與張景澄在蔚縣調查煤田時忽遇大雪，沒有食物，就購油麥和胡麻油充饑；再如在雲南野外工作時，有的地方氣溫高達36度以上。但無論是嚴寒還是酷暑，都不會影響他認真觀察和做記錄。丁文江的實地工作，不但是不辭勞苦，而且形成了一套科學的工作方法。翁文灝曾對這種方法加以總結：

　　丁所長主張，調查地質者必須短裝步行，親身攜帶鐵錐（敲石頭）、指南針和傾斜儀（定方向，測傾斜）、放大鏡（看微小礦石）和小刀（定硬度）。一路用心觀察，採取標本，並用走路速度或步數為距離標準，將一切考察所得，記在圖上。每天晚上，整理筆記，平面圖和剖面圖並為注重。他還鼓勵大家學會平板測量製作地質圖的方法，認為這是我國調查地質和礦產

的必要途徑，必須看重。遇到登高行遠的時候，他均囑攜帶氣壓計以定高度，用望遠鏡以看環境。

丁文江以重視實地調查著稱。在1922年以前，丁文江是我國從事實地調查涉獵區域最廣、花費時間最多、取得成績最多的地質學家。他以地質調查所所長的資格，走南闖北，用實際行動發揮著表率作用。黃汲清曾將他比作「20世紀的徐霞客」，而成就又遠遠超過徐霞客。

一、太行山裡

丁文江到北京政府工商部任職後，一直想外出做野外調查，但部裡直說沒有經費；只有兩次，應商人的請求，由請求人供給旅費，做過短期的調查。1913年底，張謇做農商總長，要推行他的「棉鐵政策」，於是他就有了一次到山西調查正太鐵路沿線礦產的機會。

與丁文江一同受命的，還有梭爾格、王錫賓二人。本來，他們三個人是準備一道出發的，但天有不測風雲，出行前，丁文江突然生病了。於是，梭、王二人就於11月10日先起程，到了12日，丁文江才從北京乘火車趕到井陘縣的岡頭村。15日，丁文江與梭爾格在微水會齊。他們調查的區域，是直隸界內正太路左近一帶。三人商定梭爾格、王錫賓擔任井陘縣北部，丁文江擔任井陘縣南部，至11月25日調查完畢。其中，王錫賓先乘火車往陽泉保晉公司調查礦井；丁文江、梭爾格於11月26日離開井陘，步行向娘子關，因遇上大雪，就改乘火車先去太原。在太原，丁文江第一次見到了閻錫山，並調查了太原西山的硫磺礦。丁文江、梭爾格於12月1日乘火車至陽泉保晉公司與王錫

賓會合。梭爾格調查平定州鐵路以北及盂縣，丁文江調查鐵路以南及樂平，王錫賓則赴壽陽榆次。王錫賓抵壽陽後因病不能工作，乃改變計畫，梭爾格由壽陽繞道赴盂縣，王錫賓赴太原調查正豐公司，由太原再赴榆次，都於12月23日後回陽泉，26日返回北京。

　　丁文江等三人的這次調查，是中國人進行系統的野外地質調查和地質填圖的開端。他們回到北京後，共同完成〈調查正太鐵路附近地質礦務報告書〉並繪有分幅地質圖。這份報告書包括2部分：直隸境內之地質礦務；山西境內之地質礦務。第一部分又包括：地層次第；地層構造；井陘縣之煤田；井陘縣之五金。第二部分則包括：太原府之西山；平定州；榆次縣。

　　他們在野外考察的時候，是十一、二月，這在北方，已是嚴冬了，其工作艱苦，可以想見。又因為係初次做大規模的野外調查，未免缺乏經驗，對丁文江而言，有很多辛苦經歷都是不能輕易忘記的。他在他的遊記裏就記下了這樣

丁文江與梭爾格等在井陘

一則「望門投止」的故事：

聽說南障城是大地方，原來預備到那裏過夜。但是一早上雪花山測量，下來已經過了十二點。再因為我沒有經驗，沿途工作很慢，走到離城十幾里的高家坡天已經黑了。沿路逢人打聽，都說高家坡有店。到了村子裏，好容易找到所謂唯一的店，門已經關上。打了半天門，才有人出來。他看見我的奇裝異服，立刻說，「我這裏沒有地方。再走三里就有大店。」說著就要關門。我知道從高家坡到南障城十多里路，中間沒有村子。一面把一隻腳跨進門裏，不准他關門，一面拿一塊錢給他說，「我是好人，我先給錢。你不用怕。你不看我還有兩頭牲口嗎？」店主人看見了現錢，口就軟了。「錢不錢是小事。我這裏實在沒有地方。你不信，你自己進來看。」我進門一看，是一個一丈見方的小院子，朝南一個門，開了進去，一個通長的屋子，兩邊兩排的長炕，西面一排炕的中間，有一個灶頭。炕上面坐著睡著滿滿的人，地下滿放著挑油的擔子，絕對沒有下腳的空隙。我只好請店主人去找村長。等了一會，回來說村長出門去了。正在無可奈何的時候，忽然看見院子西面有一間矮屋。推開門一看，滿地都是草，屋頂上瓦也沒有了。我叫人把東西搬了進去，才算有了住處。高家坡出海面一千多尺，十一月底，已經很冷。我十二點多鐘的時候吃過一張半斤的餅。以後就沒有喝過一口熱水。到那時候真是饑寒交迫。只好把鋪蓋打開，鑽進被窩裏面等晚飯吃。

二、遠征雲南

丁文江從山西回到北京的第二天，就接到部令：到雲南調查礦產。原來，當時北洋政府的交通部和中法實業銀行簽約要修築欽渝鐵路；為這事，丁文江留日時認識的老朋友、正主政雲南的蔡鍔特意來到北京活動：希望這條路線經過雲南的東部，再由貴州的西南部經廣西到欽州。丁文江雲南之行的任務，就是調查假定在雲南境內的欽渝鐵路線附近的礦產。

前次丁文江等在正太路附近調查，有三人同行，而這次，丁文江是「萬里走單騎」，隻身入滇。正當他打點行裝，準備長行的時候，老家泰興傳來噩耗：文江的父親，丁吉庵老先生過世了。於是，他先回家奔父喪。丁老先生去世時，不滿50歲，其時他三個庶出的兒子沒有一個超過10歲的，最小的文治還在襁褓中。之後，丁文江就義無反顧地承擔起教養幼弟的責任，他的六弟媳張紫珊在悼念文江的文章裏有這樣一段情真意切的話：

我們老太爺作古時，四五六七幾位兄弟全在稚年，那時二哥也才出來做事。但他毫不遲疑地負起責任，一個個帶在身邊教養，他的護持是為父兼母的。兄弟們都怕他，但都愛他，從心底裏敬仰他；因為他再嚴厲的時候，仍不免流露他那感人甚深的慈愛的天性。他可以因為你多花了錢而責備你們，可是立刻可以又回過來問還有什麼用錢的地方沒有？他希望個個學好，個個長進，個個有光明的前途。為著負擔兄弟們的教育費，他自己刻苦，他兼職，他加倍寫作，他不在乎一切辛苦的奔波。他沒有兒女，然而他以所能對自己兒女的愛護，加在我們全體家屬身上。對我們不肖的寬大的原

恕，和寬大的蔭蔽，是我們只能心領
意會的。

丁文江辦完父喪，未多停留，即
踏上赴滇征程。自此，他再也沒有回過
黃橋家鄉。他於1914年1月19日抵達上
海，2月2日離上海，取道香港、安南，
乘滇越鐵路於2月13日抵達昆明。

2月18日，丁文江離開昆明，於19
日晚抵達個舊。本來，丁文江來雲南，
是為了調查雲南東部的礦產，個舊並不
在其內。但丁文江認為，到雲南調查地
質而不到個舊，未免太可惜了，所以決
心在並沒有向東以前，先乘滇越鐵路向
南到個舊。丁文江在個舊工作約40天，
但他生前並未發表在個舊的地質礦物報
告，1936年後由尹贊勳將此報告初步整
理後，貫名以〈雲南個舊附近地質礦物
報告〉在《地質專報》發表。這份報告
共5部分。第一部分闡述個舊的地形特
徵，地層嬗遞，以及錫鉛銀煤之分佈與
成因。第二部分論個舊的錫礦。除說明
礦場地之所在外，舉凡開採、洗及提煉
之繁複情形，均有詳細記載和解釋。而

野外考察時的丁文江與彝族嚮導

描述礦工的工作，語多生動，令人不忍卒讀。第三部分論個舊錫務公司，對成立經過、資本用途、機器種類與作用、已開採之礦區，以及公司成績等項，均有記載。第四部分論寶興公司。第五部分論個舊之前途。內稱「苟開採得宜，當無發掘罄盡之憂。」又云「將來若無新礦地發見，則錫價當不致低於千元以下也。」這些預言，後來都一一證實。丁文江的報告，雖未能及時刊行，而當時礦政當局，或親聆其議論，或爭讀其抄本，對個舊的錫礦事業有深遠影響。

這期間，丁文江對雲南的土著人種又產生濃厚興趣，他在〈漫遊散記〉中記道：

……最足以引起我注意的是儂人。他們男子的服裝和漢人一樣，不容易區別。女人則大不相同。上身所穿的是小袖的短襖，大襟上面沒有扣子；從左面斜圍到右面，才用兩個扣子，扣在右面腰間。這種長領和尚式的襖子，和我以前在貴州所見的大略相同，但是靠頸項的地方，領子忽然變為圓的，把喉下的部分完全遮住。大襟的上邊，從圓領子底下發生，再向右斜圍過去。大襟，圓領，和袖口都有鑲邊。短襖的下面，是一條百褶的長裙子，上下兩種顏色，束在短襖的裏面。最奇怪的是她們的帽子。額頭上扎著一塊繡花的包頭。包頭上面戴著一個圓布帽子，一直遮到耳朵上部。帽子似乎沒有頂蓋，因為上面是另纏著一塊長布，在前面斜裹成一個十字，把頭髮完全遮住。有幾個還帶著一寸多口徑的圓銀耳環和很重的銀手鐲子。

4月13日，丁文江回到昆明，「因為要迤北、迤東作長期的旅行，在昆明購買牲口，雇用僕夫，耽擱了十天」；為了測量西南少數

民族的身體，又請雲南兵工廠照《旅行者的指南》（英國皇家學會出版）所附曲足規的圖樣做了一幅曲足規。24日，離昆明，經過富民縣沿途耽擱一直到4月30日方到武定縣。在武定，丁文江先後給20多位雲南土著測量身體。

5月7日，丁文江從武定起身經過母西村、石臘他、糯谷、阿酒拉於5月12日到達環州。對當地人的生活窮苦，丁文江感觸極深。在環州，丁文江第一次看見猓猓文，又見了土社李自孔和他的母親、夫人，並為10個羅羆測量身體。

5月15日，丁文江自環州起身向元謀進發；20日過金沙江到了四川會理縣境內；21日離開金江龍街，渡過金沙江；29日由通安到鹿廠，又從鹿廠經鳳山營到力馬河的青礦山看鎳礦，然後回到鹿廠，於6月4日到達會理縣城。

6月16日，丁文江從會理起身，向東川進發；為了通過魯南山，先去拜訪苦竹土司。19日，離開苦竹土司，20日下魯南山到了岔河；27日在鹽井過江，7月10日離開湯丹……這種馬不停蹄的

丁文江著《關於四川鉀鹽之研究》

工作又持續了半年，到1914年的12月，丁文江才回到北京。

丁文江的調查講求精密，注重系統，存留下來的記錄及圖件，特別豐富。他所採集的化石及標本，有數噸。調查過的地方，均作有路線地質圖，表示地層及地質構造，曾特別研究寒武紀，志留紀，泥盆紀，石炭紀及二疊紀地層，建立了滇東地層之基礎，為後來的調查奠定了基礎。

從調查正太路地質礦產開始，到1922年這10年間，是丁文江一生中野外調查最密集的時段。而這10年，恰恰是中國地質事業的初創時期，丁文江用實際行動為他的同事和學生做出了示範。1919年，丁文江曾不無感慨地說：「七年中，南遊於滇黔，東遊於皖浙，西至晉秦，東北至魯，今年復先後居京師，實不及四載。」這裏，不妨將丁文江的主要調查工作做個簡單的梳理、羅列於下：

1、1911年滇、黔之旅，屬普通旅行性質，關於地質學的記錄很少。

2、1913年11月中旬到12月下旬，調查正太鐵路沿線地質礦產，填繪二十萬分之一地質圖。

3、1914年初至1915年初，單獨去雲南、四川、貴州調查地質。

4、1915年春，赴直隸、山西間的蔚縣、廣靈、陽原一帶調查煤田地質。

5、1915年下半年多次帶領學生在京郊實習。

6、1915年11月13至23日，與翁文灝率17名學生赴山東，曾到泰山和徂徠山一帶。

7、1915年底至1916年初皖南浙西之行，結果記載在《揚子江下游

之地質》一書中。

8、1917年春河南六合溝之行。

9、1917年春湖南江西之行，主要
　　目的在調查萍鄉煤田和上株嶺
　　鐵礦。

10、1917年，調查江蘇、安徽、浙
　　江三省揚子江下游地質。

11、1918年對於山東嶧縣煤田曾作
　　詳細研究，報告書中作有地質
　　圖，並擬定鑽埰地點。

12、1918年山西大同之行。

13、1918年豫晉邊境黃河兩岸之調
　　查，此行發現三門系及其動物
　　群。

14、1921年以前，曾研究北京馬路
　　石料。研究報告《北京馬路石
　　料之研究》。

15、1921年熱河北票之行，專為研
　　究北票煤田地質。

16、1922年熱河之行，丁文江從北
　　京到承德，來回走了一趟，沿
　　途察看地質。

從以上的調查記錄可以看出，在地

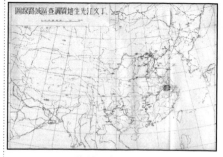

地質考察路線圖

質調查所開辦之初，丁文江和他的同人研究的重點，是中國的礦產，特別是煤鐵。也就是說，中國的地質事業，自發韌起就和國民經濟的發展緊密聯繫在一起。

第七章

陪同梁啟超遊歐

丁文江無論走到哪，心裏都牽掛著中國的地質事業。這次到歐洲訪問，他不僅為北大請來了李四光、葛利普，還深入考察歐美地質學的發展情形，為回國布勒中國的地質事業尋求借鑒。

第一次世界大戰爆發的時候，丁文江正在雲南做地質調查。因為消息閉塞，他是從個舊錫礦的一群失業工人（因戰爭爆發，錫賣不出去，導致錫礦歇業、工人失業）嘴裏知道爆發戰爭的。四年過去了，這場慘絕人寰的大災難終於結束了。也是因為這個機緣，丁文江有了一次到歐美考察的機會。

1918年11月，當戰爭結束的時候，當時政治、學術界的著名人物梁啟超，決定以私人資格去歐洲遊歷，以對歐洲做一個詳細的考察。經過一番活動，終於爭取到中國出席巴黎和會代表團會外顧問的資格，並籌措來

梁啟超

赴歐考察團合影之一

10萬元（大總統徐世昌提供公款6萬元，從友朋處募集4萬元）。任公的隨行人員，起初只有蔣百里、劉子楷、張君勱、徐新六4人，但他仍以為不足，很希望有一位科學家同行，以對現代的歐洲，有徹底的認識。於是徐新六推薦了丁文江。

12月28日，梁啟超偕同蔣百里、劉子楷、張君勱、楊鼎甫五人在上海乘日本橫濱丸南行，途經印度洋、紅海，開始了旅歐行程。因船位不足，丁文江、徐新六稍後向東經太平洋、大西洋而去。次年2月21日，梁啟超一干人抵達倫敦，而丁、徐二人已攜帶中國駐英使館的工作人員乘小輪來迎，合繞世界一周的兩路人「相視而笑」—終於會合了。梁啟超一下船，看到的是：「黃霧四塞，日色如雪，一種陰鬱閉塞之氣，殊覺不適。」這種感覺，想必先期抵達的丁文江、徐新六二人也肯定先領略過了。

梁啟超一行在倫敦參觀數日，於18日抵巴黎。因旅館難覓，丁文江、

徐新六先往巴黎佈置。梁啟超等抵巴黎後，居兩旬，於3月7日出發，遊南部戰地。3月中旬曾返巴黎一次，4月遊北部戰地。5月中旬返回巴黎，歸途曾遊盧梭故居。6月6日，梁氏一行抵倫敦。一路上，他們馬不停蹄地訪問各國政要、學術名流，參觀大學，出席宴會，遊覽名勝古跡，真正體驗了什麼是「走馬看花」。

在英、法旅行期間，丁文江和梁啟超幾乎朝夕相處。梁氏在法、英兩國的演講，多由丁文江擔任翻譯，任公也對他極為欣賞。丁文江素性憨直，對人極具至性，有問必答，無所隱諱。與梁啟超閒談時，曾謂梁個性仁厚，太重感情，很難做一個好的政治家。因為在政治上，必須時時具有一個冷靜的頭腦，才能不致誤事。又說梁啟超的分析能力極強，如果用科學方法研究歷史，必定能有不朽的著作。因此勸梁啟超放棄政治活動，而從事學術研究，梁也深以為然。這也是梁啟超的過人之處。像他那樣，早年就參加變法大計，而又譽滿中

赴歐考察團合影之二

外的一位大人物，當時還正在他鼎盛的時候，居然能夠聽一個青年後輩的勸言，幡然改轍，從事學問，終身奉守不渝，也只有梁啟超具有那種「譬如昨日死」的精神，才能做到。

旅行之餘，丁文江又教梁啟超學習英文，梁啟超在給他弟弟梁仲策的信中説：「每日所有空隙，盡舉以習英文，然本師（丁在君）獎其進步甚速，故興益不衰。」丁文江還介紹了好幾部研究史學的英文書籍，梁啟超根據此類新讀的材料，寫成《中國歷史研究法》一書。

總之，在旅歐期間，丁文江與梁啟超結下了深厚的情誼，從此以後，丁文江也將梁啟超視作「小孩子」一般的愛護了。

除了團體的活動，丁文江還有一些單獨行動。例如，他在巴黎曾到科學院去旁聽。若干年後，對當時的情形記憶猶新：

這是世界上最尊嚴的一個機關；會員限定七十餘人。那天是盛會：差不多全體都到了。未開會以前會員在會場上吸煙，說笑，寫信。等到開會有人宣讀論文，在場的會員依然的吸煙，說笑，寫信。聲音全被談笑的聲音淹沒了。散會後我請教於介紹我去旁聽的朋友。他說，「論文何必聽他；明天就要排印出來的。況且大多數的人聽不懂講的什麼呢。」「那麼，為什麼大家要到會？」「來給朋友見見面，而且來拿出席費的！」歇了一個多月我到倫敦參加英國王家學會開會。未開會以前現在圖書館吃茶。會員到者有二百人以上。茶吃完了，搖鈴開會，大家一哄而散。到會場聽講的只有四個人；其中有兩個是外國人！我請教於我的朋友。他說，「論文何必聽他；明天就要排印出來的。況且大多數的人聽不懂講的什麼呢！」

丁文江無論走到哪，心裏都牽掛著中國的地質事業。這次在歐洲

訪問，他就為地質調查所購置了一批地
質方面的外文圖書，並委託正在德國求
學的朱家驊幫忙。其時，在英國留學的
李四光已通過伯明罕大學的論文答辯，
獲得自然科學碩士學位。他非常希望李
四光能到北京大學的地質學系任教，就
讓他的四弟文淵親自到英國找李接洽，
力勸李到北大。經過一番權衡，李四光
終於接受了北大的聘書，回國後，就做
了北大的地質教授。

　　陪同梁啟超的考察團在歐洲訪問了
幾個月後，丁文江便先期回國了。回去
時還是走的來時的老路─穿越大西洋、
途經美國回國。丁文江在美國共停留兩
個多月，兩個多月的漫遊，不但徹底改
變了他先前「美國沒有文學，沒有美
術，沒有文化」的成見，而且進一步感
歎：美國才是真正的「天府之國」，不
但地大，而且物博；其他的國家沒有美
國的天產富源，而要過美國人的生活是
不可能的。

　　同在歐洲一樣，丁文江在美國考
察了科學機關，又走訪了眾多的地質

李四光

葛利普

丁文江募捐修建的地質圖書館

權威。這期間,他做了一件大有功於中國地質事業的事:聘請著名古生物學家葛利普(A. w. Grabau)教授來華任教。到1920年代初,我國的地質事業,在丁文江、章鴻釗、翁文灝三位先驅的共同努力下,已經規模粗具,各項調查、研究事業蒸蒸日上,循序進行。但有一先天缺陷:對古生物學不夠專精;尤其是,因對無脊椎動物缺少專家,所以地質時代不易精密鑒定。而北京大學的地質系,也因缺乏古生物學教授而沒有嚴格的生物學課程。而這種缺陷直接導致了地質系學生不能瞭解地史學的基礎原理。丁文江在歐美旅行時,很想物色專才來補救這個缺點。他通過美國地質調查所的David White,找到了曾任哥倫比亞大學古生物學教授的葛利普。丁文江在美國見到葛氏後,「覺得他對中國很抱友誼,因此當面訂定,請他來中國,擔任北京大學古生物學教授兼地質調查所顧問,月薪四百元,由雙機關各擔任半數。」

自從李四光和葛利普任教後,北大

地質系的面貌就煥然一新了。如果沒有李四光和葛利普，北大地質系絕不會有後來的輝煌。

丁文江自歐洲經美返國，他鑒於各國學術猛進，我國急起而追，必須增多設備及補添專才。關於設備，決向各大礦公司捐集專款，在兵馬司新建圖書館。丁文江共從中興公司、開灤煤礦等單位和個人募集捐款3萬9千餘元。當時實業界所以願意慷慨解囊，主要是因為丁文江領導的地質調查所經常在技術上給予他們很多切實的幫助：「不論是測量礦區圖，或是地質圖，化驗礦質，決定打鑽地點，只要是真正辦礦的人，地質調查所都願意幫他工作，幫他計畫，個人與機關都不受任何的酬報。」最典型的一個例子，此前中興公司曾因井下湧水而導致499名礦工遇難，損失慘重；丁文江受邀前往調查，寫出報告，並擬定了三口鑽眼的位置和深度，使該公司得以復興。新建的圖書館樓位於兵馬司9號，於1921年底竣工。

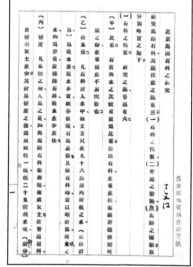

丁文江著《北京馬路石料之研究》

第八章

北票煤礦總經理

世界上最重要的是人事，而不是物質，如果我找到金礦銀礦，而不瞭解人事問題，那金銀仍將被偷盜以去，弄得更糟。

——丁文江

在丁 文江擔任地質調查所所長的近10年間，由於他一心撲在業務上，一心要做個「好所長」，當個「好官」，故而始終堅守一個底線：不弄錢，不兼差。但到頭來，做了 | 年「好官」，仍舊是毫無積蓄。再到後來，由於政府欠薪，竟演變到「衣食都不周全」的境地。而他又一向家累繁重，伴隨著文淵到歐洲留學，加之幾個年幼的異母弟弟也到了求學的年齡——一筆不小的學費開支又壓在他的頭上，以丁文江當時的收入，實在不夠支付這些新開銷了。甚至，他為了支付文淵的留學費用，不得不賣掉了北京的房

丁文江圖傳

丁文淵，後曾兩度出任同濟大學校長

子。本來，照丁文淵的學歷和經濟狀況，是有資格申請教育部或江蘇省的官費的，而且那些主管官費的人如沈步洲、袁希濤、秦汾等又都是丁文江的老朋友。在瑞士時，曹梁廈就勸文淵通過丁文江申請官費，但被丁文江拒絕了。丁文江回信給文淵説：

　　照你的學歷，你的勤學和天資以及我們家中的經濟狀況，你當然有資格去申請。……不過，你應當曉得，在國中比你還要聰明，還要用功，還要貧寒的子弟實在不少。他們就是沒有像你有這樣一個哥哥來替他們擔任學費。他們要想留學深造，唯一的一條路就是爭取官費。多一個官費空額，就可以多造就一個有為的青年。他們請求官費，確是一種需要，和你不同。你是否應當細細的考慮一番，是不是還想用你的人事關係，來佔據這樣一個官費空額？我勸你不必再為此事費心。我既然答應擔負你的學費，如何節省籌款，都是我自己的事，你只應當安心的用功讀書就行。

既然丁文江要堅持這種態度，那麼他為了供弟弟們念書，就只有辭職、「下海經商」一個辦法了。

不過，說丁文江單純為了支付弟弟的學費就脫離了他一手開創的地質事業，就離開他心愛的地質團隊，這對具有非凡抱負、襟懷的丁文江來說，未免有些不公平，也不完全符合事實。事實是，丁文江在聯繫當時的政治環境反思他努力做好官的經歷時，逐漸產生了一種覺悟：政治一天不清明，一天沒有好人可做的官，於是做官的心思也就淡了。個中詳情，且先按下不表，留待後文分解。

葉恭綽晚年

1921年6月，丁文江被京奉路局委派為北票煤礦會辦（督辦為葉恭綽）；同年，向農商部請辭地質調查所所長職務，次年2月由「大總統令」照準。

北票煤礦在熱河朝陽縣，距京奉路錦縣站170華里，為錦朝支路終點。該區附近煤田甚廣，在南部的叫南票，北部的叫北票；北票礦最初為京奉路局報領。1918年曾由路局派工程師前往經營

打鑽探煤，並鑿斜井二口，欲以產量專供路用。丁文江也曾受交通部的委派前往調查過該煤礦一帶的地質，認為值得經營。後來因為路款竭蹶，設備不敷，每日產煤僅數十噸，無力開發，煤田作廢。葉恭綽乃發起組織公司添招商股，資本總額定為500萬元，內官股200萬，由路局籌撥；商股300萬，由商股股東繳納，於1921年4月由路局呈交通部核准，至8月正式成立股東大會，公選葉恭綽任董事長，丁文江任總經理。

就規模來説，北票煤礦可算一家大礦。當時股本500萬元的礦廠僅中興公司與北票煤礦2家。它占地41，005畝，計72萬方里，主要經營採煤、煉焦並開採鐵礦及與煤鐵有關的附屬事業。該公司有一特色，即限制大股東之權而保護小股東之利。公司總事務所在天津意租界，北票設分事務所。因職務關係，丁文江於1922年將家由北京搬到天津。未搬家之前，就暫住在天津意租界三馬路十三號董顯光的租屋裏，一塊與丁文江同住的董顯光回顧了這段生活：

這通樓面不大，由中間隔為兩間。我住後間，他住前間。華北水利委員會有一個工友，名叫延升，由他替我們準備早點和晚餐。我們吃得非常簡單，只是一菜一飯。在君愛吃黃豆燒肉，這個菜，在我們同住在一起的一年中，幾乎成了我們每天所必有而僅有的菜肴……

在君也和我一樣，不愛看電影，也不愛交際。煤礦公司的事務辦完，便回到寓所來，忙著翻閱各種中外典籍。他中文、英文和德文的造詣都極深，而治學的範圍又極廣，因之，天文地理，無不通曉。

……偶然我們抽空談話時，他便把他的讀書心得如《山海經》般地講給我聽，益加使我對他的博學增加欽佩。

他對政治的興趣也很濃厚。我記得那時他正在從事一本關於過去五百年中國宰相的籍貫考據的著作。他所獲得的結論是中國宰相出生於南方的占最多數，而其中尤其以籍隸江蘇省北部的為多。

……

我是熱衷於新聞事業的人……他看見我時，仍然不斷地督促我辦中文報，有一次竟至說，如再不辦，我實是一個沒出息的人了。在他的激勵之下，我便把我多年來的積蓄幾千塊銀元拿出來買了舊的印刷機和鉛字，辦了一張《庸報》。於是我便常常請他替《庸報》撰寫政論。

在丁文江任總經理的5年裏，他經常往來於北京、天津、瀋陽及北票之間。因工作關係，他結識了張學良等東北的政界要人，也對奉系軍閥的黑暗知

董顯光

丁文江

之甚深，因此在北方的各派軍閥中，他最恨的是奉系。

在1921年北票公司初辦的時候，當年尚未出煤；但經過丁文江5年的苦心經營，到後期，原煤日產量已達到2000噸，變成一個效益很不錯的新式煤礦公司。

當然，正如董顯光回憶的那樣，興趣廣泛的丁文江，並不是在煤礦經營之外就無所作為─如果是那樣的話，他這5年的生命色調也就太單調了。事實上，除了辦煤礦，他曾辦報紙談政治，調查軍事，挑起影響深遠的「科學與人生觀」論戰……

第九章

做買賣之餘，也談談政治

我們中國政治混亂，不是因為國民程度幼稚，不是因為政客官僚腐敗，不是因為武人軍閥專橫，是因為『少數人』沒有責任心而且沒有負責任的能力。

——丁文江

一、少數人的責任

丁文江擔任地質調查所所長的10年，正是軍閥橫行、國家混亂的一個時期。其間，曾經上演過兩次復辟醜劇，至於「府院之爭」、安福政治、軍閥混戰等種種醜劇、鬧劇，更是層出不窮。在批評北洋軍閥的反動政治方面，連一向政見相左的梁啟超和孫中山也有了難得的共識。梁啟超說，北洋的政治是「神奸既伏，人欲橫流，而進於演水簾洞，演惡虎村」；孫中山在「五四」前後反思這一段時，則常常痛心疾首、夜不能寐。

與此同時，越來越多的知識份子也逐漸認識到：北洋政府的專制、腐敗以及種種倒行逆施，是導致民不聊生、各項建設事業不能健康發展的根本原因。丁文江作為政府的小吏，有著切身的體會。他曾經憤慨地說：「滿人倒了，起來代他的同他一樣壞；政體還沒有變得全，代議政治已經完全破了產」；「我們想做好官的人，辛辛苦苦費了多少年做成功的事業，一個無知無識的官僚或是政客，用一道命令，就可以完全推翻，覺得我做的事業，是沙灘上的建築，絕對沒有地基的……」

丁文江對現實政治有濃厚的興趣和熱情

在這種大背景下，一些對現實政治根本不感興趣的知識人開始走上批評政治的路，連下決心「二十年不談政治」的胡適也與蔣夢麟、陶孟和等發表〈爭自由的宣言〉說，「我們本不願談實際的政治，但實際的政治卻沒有一時一刻不來妨害我們……政治逼迫我們到這樣無路可走的時候，我們便不得不起一種徹底覺悟，認定政治如果不由人民發動，斷不會有真共和實現。」這些先

進的知識份子都有一個基本的認知：現代的、優良的政治，是國家統一、民族獨立和實現社會健康發展的根本前提。對此，丁文江深信不疑，他認定：「政治是我們唯一的目的，改良政治是我們唯一的義務」；他曾對董顯光說：「世界上最重要的是人事，而不是物質，如果我找到金礦銀礦，而不瞭解人事問題，那金銀仍將被偷盜以去，弄得更糟……」又對李濟說：「你們老問我為甚麼戀著政治問題不捨，不集中全力作科學的工作。你看，政治不澄清，科學工作是沒法推進的，我們必須先造出一種環境來，然後科學工作才能在中國生根。」

史濟瀛，史久光長女，丁文江的養女

正是這樣的背景和認識，才有了丁文江的「談政治」、「幹政治」。

丁文江談政治，也是從批評現實政治開始。他認為，北洋政府的政治，所以一天比一天壞，「就是壞在一班沒有職業的政客手上。他們以政治為飯碗，所以越弄越糟……無職業的政客，是世界通行的寄生蟲……」他痛斥政客、官

僚的劣行，以〈忠告舊國會議員〉一文最不留情面。在這篇文章裏，丁文江歷數舊國會議員貪腐、營私的種種醜惡罪狀，最後向他們提出忠告：在這危急存亡的時候，我們只問國會好不好，不問國會法不法。統一制憲是急於星火的事，你們若錯過了機會，我們立刻要聯合起來革這種惡國會的命！

　　而腐敗官僚所以能橫行，又是由於少數的優秀分子不想在政治方面努力，不參與政治造成的。丁文江說：「中國今天弄到了這步田地，明明是做總統的不會做總統，做總理的不配做總理，當議員的不夠當議員。總統，總理，議員，都是應該少數的優秀分子去做的，所以我說中國政治混濁，不是因為國民程度幼稚，是因為少數的優秀分子沒有責任心，而且沒有負責任的能力。」他認為，只要少數優秀分子掌握了政權，政治就會清明，而「用他們（少數的優秀分子）的聰明智識能力，向政治方面去努力，是少數人天然的責任。」

　　丁文江所說的「少數人的責任」，其實就是精英政治。他一直認為：自從有歷史以來，政治上的成功，都是少數人的成功。他曾經引用J. Morley的話說，「成功的歷史就是少數人的歷史」。他也非常信服羅素對他說的話：「我們要把歷史上的重要人物除去了十幾個，假定他們是沒有存在過的，世界上的歷史絕不是如我們現在所知道的。」因此，他一直呼籲優秀分子積極參與政治。丁文江所謂的「優秀」，包括這樣幾個方面：有正式的職業，有現代知識，有能力，有操守。丁文江認為，參與政治首先要做的是以下幾個方面：

　　甲：認識社會上政治上有勢力的人，平心靜氣去研究他們的道德，性情，能力，以決定我們對於他們的態度。我所說的這種人，包

括軍人在內，因為軍人也是國民，也有好人。

乙：調查政治上最重要的問題，用科學精神，來研究解決這種問題的方法，如裁兵，裁官，公債之類。

丙：盡我們的餘力，做政治上的文章：宣傳我們的主張，討論人家的意見。

丁：遇見有重大的政治上的變化，應該以犧牲的精神，一致的態度，努力去奮鬥。

只要這些「前提工作」做好了，就能「就我們認識的朋友，結合四五個人，八九個人的小團體，試做政治生活的具體預備。」丁文江是這樣呼籲的，也是這樣做的。

二、「努力會」和《努力週報》

至晚從1921年的春夏之交開始──也就是《努力週報》創刊前1年，丁文江就已經為組織小團體以研究政治、評論政治而努力了，這個小團體就是「努力會」。胡適的《日記》為我們留下了這個小團體最初組織時的一些記錄。胡適1921年5月21日《日記》記道：「下午，王文伯（徵，為新銀行團的秘書）來談。少停，丁在君來，蔣夢麟來。我們四人討論組織一個小會的事。我擬了一個組織大綱，大家都表示同意。」6月8日的《日記》又記道：「到叔永家，與在君、文伯談會事。」

「努力會」的「會員」很少，自始至終都沒有超過12個人，主要有丁文江、胡適、蔣夢麟、陶孟和、任鴻雋、王徵等。一年後，蔡元培也提出要加入「努力會」，圍繞是否同意他入會的問題，丁文江、

胡適

胡適、任鴻雋三人展開了討論。起初，丁文江並不希望蔡元培入會，理由是：「（一）我們大家係同輩的人，甚麼都不客氣，什麼都可以說。蔡先生是老前輩，加入以後，恐怕反有一種拘束；（二）我個人對北大有無窮的希望；近來仍是很不滿意，很想以友誼的態度來忠告忠告。蔡先生加入團體以後，恐怕我不能全無顧忌。」但任鴻雋認為，「本團體範圍太小，宜擴充，若蔡氏人品道德，是最合適的人選」，因之完全同意蔡元培入會。丁文江聽了任鴻雋的解釋，也消除了顧慮，這樣，蔡元培也成了「努力會」的一員。

「努力會」的活動，主要就是定期開聚餐會，討論政治，批評整治，監督現政府。這樣活動了幾個月以後，丁文江又提議：辦一個《週報》做陣地。但辦報需要取個名字，胡適就說，用「努力」吧。為了保證這份報紙的獨立性，丁文江又提議：社員每人每月捐出固定收入的百分之五，必須捐滿三個月之後，才可以出版。

由丁、胡等這些一流的知識份子出面辦報，集資、撰稿都不難，難的是一些所謂「客觀因素」。1922年2月4日的《胡適日記》就記道：「我要辦的《努力週報》，被員警廳設法批駁了（藉口於房東不同意，其實是他們把她嚇倒了）。今天另擬一呈子，再請立案，措詞頗嚴厲。作一書寄丁在君，也為此事。」又經過三個月的奔走、籌備、組稿，《努力週報》終於在5月7日創刊了。這期間，丁文江算是格外努力，不但自己要寫稿，還向朋友們如任鴻雋、陳衡哲、徐新六等不斷約稿、催稿。

丁文江在《努力週報》上發表的第一篇談政治的文章是由他參與具名的〈我們的政治主張〉。這本是胡適寫的第一篇政論，當初本來是專為《努力週報》而作，後來覺得「此文可用為一個公開的宣言」，脫稿時胡適曾與李大釗商量，決定次日在蔡元培家合計此事，「邀幾個『好人』加入」。到「會」者十五人，後來有一人退出二人加入，就簽了名。參與簽名的人有丁文江、蔡元

《努力週報》創刊號

顧維鈞

《天工開物》的一種版本

培、胡適、李大釗、陶行知、陶孟和、梁漱溟等共16人。這份宣言提出政治改革的目標：「好政府」（「好政府」的至少涵義是：在消極方面，要有正當的機關可以監督防止一切營私舞弊的官吏；在積極方面，第一要充分運用政治的機關為社會全體謀充分的福利，第二要充分容納個人的自由，愛護個性的發展）；提出政治改革的三個基本原則：憲政的政府、公開的政府、有計劃的政府；提出「今日政治改革的第一步在於好人須要有奮鬥的精神」；號召「凡是社會上的優秀分子，應該為自衛計，為社會國家計，出來和惡勢力奮鬥」，以促成「好人政府」目標的實現。宣言還對當時的南北和談、裁軍、裁官、選舉等具體的政治問題提出方案。宣言發表後，曾引起廣泛的討論。

宣言發表後，引起了知識階層的廣泛關注，包括《努力週報》、北京《晨報》、《益世報》、上海《民國日報》以及《先驅》等各具背景的報章雜誌發表了多篇響應之作，由此在全國範圍內

掀起了一個「好政府主義」的討論。6月1日，丁文江作〈答關於「我們的政治主張」的討論〉，就關於〈我們的政治主張〉的討論所作的答覆。針對「改良政治必先從改良社會下手」的主張，丁文江認為這是「近年來政治改革的一種大障礙」，不能輕容易放過的。

丁文江在《努力週報》發表的討論政治的文章，還有：〈一個外國朋友對於一個留學生的忠告〉、〈少數人的責任〉等。

當然，丁文江在《努力週報》發表的文章，不止談政治一個方面。此外，他還發表了大量的調查民國軍事、科學與人生觀論戰方面的文章，這都需要專門總結的。《努力》創刊後不久，胡適就因病到南方休養，《週報》的日常運轉就由高一涵負主要責任，而由丁文江協助。這期間，曾經發生綁架羅文幹這樣蹂躪人權的醜事，到後來又發生賄選曹錕當總統的事件。「努力會」同人們遂認識到他們希望通過辦報來監督政治的理想和努力，都是徒勞的，都失敗了；於是，《努力週報》在維持了一年半後，便於1923年12月停刊了。

次年1月，丁文江在給胡適的一封信中說：「我在一年半之中替《努力》做了一百二十三欄，恰合十萬字。照此計算，每兩個月可以替《新努力》做一篇文章。請你把稿紙寄來，可以早點著手。」這個數位，可顯示丁文江在《努力週報》的成績，而他提出的《新努力》，是他鼓動胡適讓《努力》復刊；但由於種種原因，丁文江的這一設想沒有變成現實。

第十章

難以割捨的軍事情結

中國的軍事首領之中，不少有指揮的天才，愛國的熱誠，堅強的毅力，但因為缺乏現代的知識和訓練，往往不夠擔任國家危難時期的艱巨責任……我常常有一種夢想，想替國家辦一個很好的、完全近代化的高等軍官學校。我自信可以做一個很好的軍官學校校長。

——丁文江

1894年中口　役，北洋海軍全軍覆沒；而到1901年《辛丑合約》簽訂，中國國防已破壞殆盡。此一慘痛教訓，朝野一致認為必須振軍經武，重建國防。重建國防的當務之急，在於迅速培養現代軍事人才。而在稍後掀起的留日熱潮中，深受民族危亡刺激的留學生們，很多都把「習軍事」當作選擇課業的首選。丁文江留日時期結識的蔡鍔、蔣百

里、史久光等人，後來都成了民國時期著名的軍事家。丁文江也希望學習軍事，只是當時清政府唯恐革命分子混雜其間，特於1903年規定：凡自費留學學生，一概不准入士官學校肄業。於是，自費留學的丁文江，就被日本士官學校拒之於門外了。

1904年，丁文江、李祖鴻、莊文亞三人結伴赴英，最初的願望是學海軍。但英國政府也有規定：非經政府保送，不能入海軍學校；而且，他的鼻子沒有嗅覺──「體檢」關就過不了。這樣，丁文江學軍事的少年夢，就徹底破滅了。

但是，軍事，對丁文江而言，一直是一種揮之不去的情結。

一、研究民國軍事

在1922年的直奉戰爭前幾年，裁兵問題是當時朝野和知識界討論的熱門話題。丁文江根本反對那種不做具體研究、不提出具體計畫、只唱高調的清談，而當時「廢督裁兵」的呼聲、口號可謂甚囂塵上。為了研究裁兵問題，他搜集了許多材料，寫出了〈中國北方軍隊的概略〉，並在《努力週報》的創刊號上發表。這篇文章詳細列述了中國北方各派系──直系、奉系、皖系以及態度不明或中立軍隊的長官、駐防地點以及人數。依照他的統計，當時中國北方軍隊的總人數是85萬。但文中所列的數字，也有不確實的地方，有熟悉情況的人看了文章後就將他們所曉得的事實，一一指出來，訂正了其中的錯誤。

稍後，丁文江又發表了〈廣東軍隊的概略〉和〈湖南軍隊概略〉。他對廣東軍隊的調查，是通過廣東軍界的一個朋友。他把廣東軍隊分為「與陳炯明接近的」、「與孫文接近的」、「騎牆派」三

派，並分述其所屬部隊的長官、駐地、人數。他在分析了陳炯明和孫中山的軍事實力後，對孫中山的北伐做出了這樣的判斷：「孫大總統這一次北伐，真可算是破釜沉舟。因為他不但放棄了廣西不要，而且連廣東省城也全然不顧。我們不可以不佩服他的魄力，但是照軍事上講起來，似乎沒有全然不顧後路的道理。江西若是不能得手，一定要一敗塗地的！」

　　丁文江對湖南軍隊的調查，是一次在長江輪船旅行時，通過對一位「湖南來的軍界的朋友」的訪問完成的。他在〈湖南軍隊概略〉中，將湖南的軍隊分為譚延闓派、趙恒惕派、中立派三派，也是分述其所屬部隊的番號、長官和駐地等資訊。根據他的統計，湖南軍隊不過三萬四五千人，而軍餉卻至少占全省收入的百分之五十以上。

　　對四川軍隊的調查，丁文江委託在四川大學任職的老朋友任鴻雋來做。後來，任鴻雋就果真做了一篇〈四川軍隊概略〉在《努力》發表。

吳佩孚

孫傳芳

除了調查中國的軍事現狀，丁文江還作有〈裁兵計畫的討論〉一文，專門評述老朋友蔣百里的《裁兵計畫書》。蔣百里的《計畫書》，主要就處置軍官的辦法、兵士的退伍計畫、清理欠餉的計畫三個方面，提出自己的觀點。丁文江的商榷文章，首先摘錄蔣著的上述要點，然後提出批評的四條標準：他所舉的事實，是否確實？他的辦法，道理上是否說得過去？實際上是否做得到？做到了以後，有什麼好處？接著，對蔣著的上述觀點，逐一評述。比如，他針對蔣百里提出的「用生產事業來安頓被裁的兵」的主張，提出，有兩大困難難以克服：第一，生產事業，不是立刻就可以成功的，而被裁的兵不能一天不吃飯；第二是事業雖然生產，而間接養活的人多直接養活的人少，被裁的兵，大多數是要直接養活的。所以，丁文江認為，這種辦法可行性並不強。應當承認，丁文江類似的觀點，都是切中要害的。但有的觀點，也難以實行。蔣百里看到丁文後（丁文寫好後，還未發表即交蔣百里研讀，他也寫了一篇〈裁兵計畫的討論「答宗淹」〉）。如果綜合蔣百里的原著、丁文江的評論文章和蔣氏的答文，就析理出一套科學的、切實可行的裁兵辦法。但是，不管丁、蔣二人的計畫如何周詳，在理論上如何切實可行，都是無法變成現實的。軍隊是軍閥的命根子，如果裁掉命根子，軍閥何以自存？所以，不管多麼好的計畫書，到了軍閥手裏，都是廢紙一張！

　　1922年5月《努力》創刊的時候，正當直奉戰爭的時期。「努力社」同人都以為戰爭會持續一、二個月，於是就在《努力》上開闢「軍事調查」專欄，並請丁文江擔任軍事的調查和戰事的記敘。但奉軍很快失敗，丁文江發表過幾篇調查文章後，專欄就取消了。丁文江

的第一篇評論文章是5月 1日寫成的〈奉直兩軍的形勢〉，這篇配有作戰區域圖的文章詳述了奉、直雙方交戰時的人數、分佈。丁文江對奉軍人數的統計，主要是靠統計鐵路運輸的辦法；對直軍的統計，則主要依靠當時的新聞報導。5月18日，也就是雙方停戰後數日，丁文江又綜合各種訪問、報導寫成〈奉直戰爭真相〉一文，詳盡分析奉、直雙方的兵力、作戰計畫、戰爭情形和敗潰的程度。11月12日，丁文江又發表〈山海關外旅行見聞錄〉一文，列述奉軍在山海關外的部署情況，並說明奉軍要報復直軍的說法不可靠。這已屬對戰爭的後續分析、評論了。

後來，丁文江將上述軍事文章匯總、梳理，並進一步修改，整理成《民國軍事近紀》一書，由商務印書館於1926年出版。

在朋友當中，丁文江以熟悉軍閥狀況、瞭解軍人個性而著稱。蔣廷黻就曾經回憶說：

在天津，我有一位朋友，他最瞭解軍人。他就是名地質學家丁文江（在君）。我常問他：「這些人搞政治會產生什麼好結果？」他責備我說：「廷黻，你不懂軍人。你沒有資格責備他們，我瞭解他們，他們很多是我的朋友。我可以告訴你，如果他們中任何一個有你那樣的教育程度，他們一定可以，而且絕對可以比你對國家有貢獻。」他說這些軍人的天賦都很高，糟糕的是他們沒受多少教育。有一次，我問他：「那個自封為大總統的曹錕怎麼樣？他憑什麼能當大總統？」文江說：「讓我告訴你一件事，若干年前，曹錕檢閱他駐在保定的軍隊，在他走過士兵行列時，發現有一名士兵在咽泣。曹停下來問他：『你怎麼了？為什麼哭？』士兵說他

張作霖

剛接到家信，說他爸爸死了。他遠在軍隊，無法回家奔喪。曹說：『不要哭，不要哭。給你五十塊大洋，回家葬你父親去好啦，盡完孝道再回來當兵。』」他又繼續說：「如果閣下是那名士兵，遇到這種類型的長官，你是不是也和他對曹錕的感受一樣？你能不忠於他嗎？你能不覺得他是個可依靠的人嗎？軍隊，我們可以說它是第二個家。」

朋友中類似的評價，還有很多。在當時的各派軍閥中，丁文江最痛恨的，是奉系。因為北票煤礦在奉系的地盤上，為了煤礦運輸等事宜，丁文江經常到瀋陽與奉系人士辦交涉，因此對奉系的黑暗內幕瞭解最多。事實上，凡是軍閥都會殘民以逞，都是窮兇極惡，都沒有好的。丁文江還有一個觀點：「中國的軍事首領之中，不少有指揮的天才，愛國的熱誠，堅強的毅力，但因為缺乏現代的知識和訓練，往往不夠擔任國家危難時期的艱巨責任。」在他心目中，富於現代知識的軍事首領，應當是像第

一次世界大戰時期美國兵工署署長克羅希爾將軍這樣的人。這種評論和認知，倒也客觀、公道；也主要是因為抱有這樣的觀點，丁文江才對軍事教育情有獨鍾。

二、心儀軍事教育

胡適曾經轉述過丁文江和孫傳芳在1925年8月的一段對話：

孫傳芳說：丁先生，請你想想，你在哪一個方面可以幫我頂多的忙？

我說：我早已想過了。

孫問：哪一個方面？

我說：我曾想過，這時候中國頂需要的是一個最新式的，最完備的高級軍官學校。現在的軍官學校，甚至於所謂「陸軍大學」，程度都很幼稚。裡面的教官都太落伍了，不是保定軍官學校出身，就是日本士官出身。這些軍官學校的專門訓練當然比不上外國同等的學校，而且軍事以外的普通學科更是非常缺乏。所以我常說：中國的軍事教育比任何其他的教育都落後。例如用翻譯教課，在中國各大學已經廢棄了二十年，而現在陸軍大學的外國教官上課，還用翻譯；學生沒有一個能直接聽講的。足見高等軍事教育比其他高等教育至少落後二十年。現在各地軍官學校教出來的軍官都缺乏現代知識，都缺乏現代訓練，甚至於連軍事地圖都不會讀！所以我常常有一種夢想，想替國家辦一個很好的、完全近代化的高等軍官學校。我自信可以做一個很好的軍官學校校長。

孫傳芳聽了大笑。他說：丁先生，你是個大學問家，我很佩服。但是軍事教育，我還懂得一點，——我還懂得一點。現在還不敢請教你。

他說了又大笑，他當我說的是笑話！

丁文江改革中國高等軍事教育的雄心壯志，被孫傳芳看作笑話，因而，他沒有可能在孫傳芳的勢力範圍裏實現他辦現代軍事教育的理想。到了南京國民政府時代，中國的軍事教育依舊落後，而此時的中華民族面臨的卻是亡國滅種的嚴重危機，他再度用類似的憤激語言表達不滿：

中國的軍事教育比任何其他的教育都要落後。所謂陸軍大學，軍官學校程度極其幼稚。教官不是出身於日本士官，就是保定軍官學校。專門的訓練，固然不能與外國同等的學校相比，而且普通的常識異常的缺乏。例如翻譯教課的制度，在其他各大學已經廢棄了20年，而現在陸軍大學的外國教官上課的時候，都用翻譯；學生沒有一個能直接聽講的。足見高等軍官教育比其他高等教育至少要落後而二十年。

丁文江理想中的高等軍事學校，據胡適追憶，至少要做到幾個標準：「第一、教員的選擇，必須採嚴格的學術標準；第二、學生的選擇，必須廢除保送制，必須用嚴格的入學考試來挑選最優秀的人才；第三、學校必須有第一流歷史、地理、政治、經濟等學系，要使學軍事的人能夠得到軍事以外的現代學識。」

眾所周知，丁文江的上述理想並未實現。這正如他設計的「裁兵計畫」一樣，都屬「紙上談兵」。

第十一章

科學與人生觀

　　科學不但無所謂「向外」，而且是教育同修養最好的工具。因為天天求真理，時時想破除成見，不但使學科學的人有求真理的能力，而且有愛真理的誠心。

　　　　　　　　　　　　　　　　—丁文江

一、科學人生

　　丁文江是公認的科學化最深的中國人。他的日常起居、生活習慣、立身行事，也完全是科學化的。 胡適在追懷他的文章裏說，「他的生活最有規則：睡眠必須八小時，起居飲食最講究衛生，在外面飯館裏吃飯必須用開水洗杯筷；他不喝酒，常用酒來洗筷子；夏天家中吃無外皮的水果，必須先在滾水裏浸二十秒鐘。」身為職業科學家的丁文江，最講求工作效率。為了提高服務的效率，他很看重舒適。他非常不認同老朋友翁

文灝的過於自奉儉薄，在他看來，平日追求舒適，正是為蓄養精力，以便大大的勞作。1934年，劉半農因到綏遠做學術調查而不幸染病身亡，他得知後就寫信給胡適說：

> 上火車時，聽說半農生病，以為無妨，不料他竟死了，聽見了很悵然。許多人以為我旅行太小心，太求舒服。其實乃〔是〕我很知道內地旅行的危險，不敢冒無謂的險。假如半農小心點，──多用殺蟲藥分，而且帶帆布床，當然不會把性命送掉的。

確實，丁文江出門旅行，是非常講究的：若有機會坐頭等車，他絕不肯坐二等車，有地方睡安穩的覺，他絕不肯住喧鬧的旅館。

丁文江絕對聽從醫生的話。當然，這裏說的醫生是西醫，而不是中醫。「他早年有腳癢病，醫生說赤腳最有效，他就終身穿有多孔的皮鞋，在家常赤腳，在熟朋友家中也常脫襪子，光著腳談天，所以他自稱『赤腳大仙』。他吸雪茄煙有二十年了，前年他腳趾有點發麻，醫生勸他戒煙，他立刻就戒絕了。」丁文江對中醫，簡直是深惡痛絕。史久元女士常年有病，胡適就讓丁文江帶去幾貼膏藥，但回到家裏，丁文江卻不讓夫人使用。有一回，老朋友陳伯莊同他「抬槓」：「假如你到窮鄉僻壤考探地質，忽然病了，當地無一西醫，更無西藥，你會讓中醫診治你嗎？」丁文江卻斷言回答：「不！不！科學家不得自毀其信仰的節操，寧死不吃中藥不看中醫。」

每年的夏天，丁文江總要很費事的安排一個避暑的地方去消夏。在北京住的時候，多半是去北戴河，或者是西山，偶爾也去大連；在南京住的時候，他喜歡到杭州的莫干山；就是在擔任淞滬公署總辦的備極繁忙的日子裏，他還是要擠時間到普陀山休息3天。他每次去避

暑，總要攜眷，這是一支頗為龐大的
「隊伍」：除了丁太太，還有他的弟
弟、姪子、內姪女等多人。現在依然
健在的史濟昭教授（史久光幼女，史濟
瀛胞妹）就曾不止一次的隨同避暑。史
女士告訴筆者，丁先生非常隨和，非常
親切，每次與他一同出遊，他總喜歡拿
一些小問題考試他們，諸如為什麼說青
蛙是兩棲動物？為什麼山頂的氣溫要比
山下低等等。待小朋友們說出答案，他
再逐一評解；這種寓教於樂的問答，充
滿情趣，彼此都感到無限樂趣，至今難
忘。

　　有時避暑，丁文江也邀上朋友同
去，受邀請最多的是胡適。在丁、胡之
間的往來書劄裏，這樣的邀請信很多。
1924年的5月，盛夏還沒有來臨，丁文
江就已在北戴河租好了房子，又寫信給
胡適：「我在北戴河租著一所很好的房
子，背山面海，風景甚好，替你留了個
房間，千萬望你要來住住。」胡適便去
住了一個月，他在《胡適日記·1924
年的年譜》裏留下這樣的記載：「（八

最左邊打傘者乃史久元

丁文江、胡適等在北京西山

丁文江贈胡適詩

史久元女士

月）住在丁在君夫婦寓裏，常常遊山下海。」1931年的夏天，丁文江又把避暑地選在北戴河，也是邀胡適同住，他還寫了兩首詩，追懷1924年的夏日同遊：

記得當年來此山，蓮峰滴翠沃朱顏。
而今相見應相問，未老如何鬢已斑？
峰頭各採山花戴，海上同看明月生。
此樂如今七寒暑，問君何日踐新盟。

胡適也和詩一首：

頗悔三年不看山，遂教故紙老朱顏。
只須留得童心在，莫問鬢毛斑未斑。

總之，丁文江的生活是完全科學化了。不獨如此，他的做人做事，也是科學化的。他用錢從來不超過他的收入，所以能終身不欠債，終身不仰面求人。凡是和丁文江共過事的人，都對他「案無留牘」的風格，留有深刻印象。此外，「他最恨人說謊，最恨人懶惰，最恨人濫舉債，最恨貪污。他所謂『貪污』，包括拿乾薪，用私人，濫發薦書，用公家免票來做私家旅行，用公家信箋來寫私信，等等。」

所以，我們完全有理由說，丁文江

的人生是科學人生。同時，他又「夙以擁護科學為職志」，是一位傑出的科學方法、科學精神的宣傳者。在這方面，夏綠蒂‧弗思對丁文江有過公道的評價，說他「既從技術觀點又從哲學觀點研究科學」，「感到根據科學的思想原則教育同胞是自己的責任」。而說到這，就不能不說到由他挑起的「科學與人生觀論戰」。

二、科學與人生觀論戰

　　1918年，慘絕人寰的第一次世界大戰終於結束了。伴隨著戰爭的結束，無論是在西方，還是在東方，都掀起一股重新審視、反思科學的思潮。這種思潮在中國的代表人物是梁啟超，代表著是其1920年發表的《歐遊心影錄》。梁啟超說：「當時謳歌科學萬能的人，滿懷著科學成功，黃金世界便指日出現。如今功總算成了……我們人類不惟沒有得著幸福，倒反帶來許多災難……歐洲人做了一場科學萬能的大夢，到如今卻叫起科學破產來。這便是最近思潮變遷一個大關鍵了。」

　　這樣公然地「輕視或戲侮」科學的權威地位，實在是少見的，而且出自在當時思想、學術界有舉足輕重地位的梁啟超之口！很快，梁啟超就得到某些學界人物的回應。先是梁漱溟在1921年出版了《東西文化及其哲學》，其後不久的1923年2月14日，張君勱又應清華學校邀請，發表題為「人生觀」的演講，聲稱「科學無論如何發達，而人生觀問題之解決，絕非科學所能為力」。張君勱比較了科學與人生觀的5點不同：科學為客觀的，人生觀為主觀的；科學為論理的方法所支配，而人生觀起於直覺；科學可以以分析方法下手，而人生觀則為

張君勱

綜合的；科學為因果律所支配，而人生觀則為自由意志的；科學起於物件之相同現象，而人生觀起於人格之單一性。由此，得出結論：「故科學無論如何發達，而人生觀問題之解決，決非科學所能為力，惟賴諸人類之自身而已。」總結張君勱的思想，有幾點特別引人注意：認為有所謂的精神文明與物質文明之分：認為科學只能從事向外的探索；認為科學只能成就「物質文明」；認為中國文明是精神文明，而「理學」可以成就高度的精神文明。

應當承認，梁啟超、梁漱溟、張君勱等人的系列言論，對剛起步不久的中國科學化運動來說，實在是起了不小的負面影響。

面對張君勱的「反動」，丁文江認為，不能不說話了，便於4月12日寫成了〈玄學與科學──評張君勱的「人生觀」〉一文，挑起了「科學與人生觀論戰」。在論戰中，針對張君勱對科學的種種責難，丁文江旗幟鮮明地指出：歐洲文化縱然是破產，科學絕對不負這

種責任；科學不但無所謂「向外」，而且是教育同修養最好的工具，它可以成就高度的「精神文明」；「理學」的內心修養所造成的所謂「精神文明」實在不敢恭維。

不過，有一點需要特別說明的是，張君勱在這裏研究、論述的核心論題是「人生觀」，著重論述的是「科學不能解決人生觀」，由此進一步引申出：科學不是萬能的。他在〈再論人生觀並答丁在君〉中即說：「國人迷信科學，以科學為無所不能，無所不知，此數十年來耳目之習染使之然也。」而張氏本人並不反對科學。他曾當面對丁文江說：「我做我的人生觀，並沒有反對科學的意思。」這與梁啟超在《歐遊心影錄》所說的「讀者切勿誤會，因此菲薄科學，我絕不承認科學破產，不過也不承認科學萬能罷了」如出一轍。因此，張君勱的立論正與梁啟超遙相呼應，與一戰以後反思科學的思潮緊密聯繫在一起的。

中國學界最早出現「人生觀」一詞，是在1919年。而在張君勱提出「科學不能解決人生觀」前兩年，也就是1921年，楊杏佛就曾在南京講演「科學的人生觀」。楊氏將人生觀大體地分為以下幾種：宗教的人生觀、美術的人生觀、戰爭的人生觀、實利的人生觀、科學的人生觀。而科學的人生觀乃「客觀的、慈祥的、勤勞的、審慎的人生觀也」，它有好真、敏捷、勇於為是等科學精神；此外，它還有講民主、實事求是、甘於淡泊等特色。沒有證據證明，張君勱在清華學校做的「人生觀」的演講是專門針對楊杏佛的。而更耐人尋味的是，在「科學與人生觀」論戰中，楊杏佛也沒有參戰。倒是丁文江激烈反對張君勱的觀點，並起而駁斥，於是挑起了這場空前的思想界的大論戰。

論戰伊始，梁啟超就宣佈要遵循這樣的「戰時國際公法」：問題集中一點，而且針鋒相對，剪除枝葉。其實，不管什麼樣的論戰，若想將辯題辯白清楚，非遵循這樣的原則不可。在這場論戰中，儘管丁文江和他的支持者，也曾論證「科學方法可以用於研究人生」，甚至還探討了如何建立科學的人生觀的命題，這終究不是丁文江們論證的重點。這一點，就連科學派的中堅人物也不否認。胡適就說：

……人人都在那裏籠統地討論科學能不能解決人生問題或人生觀問題。幾乎沒有一個人明白指出，假使我們把科學適用到人生觀上去，應該產生什麼樣子的人生觀。然而這個共同的錯誤大都是因為君勱的原文不曾明白攻擊科學家的人生觀，卻只懸空武斷科學決不能解決人生觀問題。殊不知，我們若不先明白科學應用到人生觀上去時發生的結果，我們如何能懸空評判科學能不能解決人生觀呢？

正是因為認識到科學派的這種嚴重不足，胡適才提出科學的人生觀的輪廓。陳獨秀也說，科學派表面上的勝利，其實並未攻破敵人的大本營；「科學何以能支配人生觀」的證據一個也沒有舉出來，因此不但不曾得著勝利，而且是大戰敗，文章雖多，卻是「下筆千言離題萬里」，讓人看不出「爭點究竟是什麼」，好像是「科學概論講義」。

確實，對丁文江而言，探討人生觀不過是他宣揚科學思想的由頭、切入點而已。倒是支持丁文江的一派人對人生觀問題特別是科學與人生觀問題展開了詳細論述。如任鴻雋說：「人生觀的科學是不可能的事，而科學的人生觀卻是可能的事。」唐鉞說：「科學可以解決

人生觀的全部」。王星拱提出：「科學是憑藉因果和齊一兩個原理而構造起來的；人生問題無論為生命之觀念、或生活之態度，都不能逃出這兩個原理的金剛圈，所以科學可以解決人生問題。」吳稚暉説：「我信『宇宙一切』，皆可以科學解説。」章鴻釗直接針對張君勱所提出的幾點，皆以「真」為中心。朱經農則從八個方面對張君勱提出質疑。

在論戰中，丁文江廣泛地宣傳了科學思想，我們不妨舉出幾條：

一切科學的基本資料都是通過感官感知獲得的。

科學方法是萬能的。丁文江説：「不用科學方法所得的結論都不是知識，在知識界內科學方法萬能。科學是沒有界限的；凡百現象都是科學的材料。凡是用科學方法研究的結果，不論材料性質如何，都是科學。」而所謂科學方法，就是將世界上的事實分起類來，求他們的秩序。丁文江又説：「凡是真的概念推論，科學都可以研究，都要求研究。科學的目的是要屏除個人主觀的成見—人生觀最大的障礙—求人人所能共認的真理。科學的方法，是辨別事實的真偽，把真事實取出來詳細的分類，然後求他們的秩序關係，想一種最單簡明了的話來概括他。所以科學的萬能，科學的普遍，科學的貫通，不在他的材料，在他的方法。」

科學也是一種精神。在丁文江的字典裏，「科學」既不意味著狹義的科技運作，也不意味著嚴格的科學理論思維和研究，而差不多就只是一種崇尚理性和進步的基本價值觀和態度。他強調，物質科學與精神科學是沒有根本區別的；科學對人心大有裨益：科學不但無所謂向外，而且是教育同修養最好的工具，它不但使學科學的人有求真理

的能力，而且有愛真理的誠心。

　　所以，在科學與人生觀論戰中，科學派的勝利，不只是它表面戰勝了張君勱一干人，更在於他在更廣泛的程度上宣傳了科學。要知道，在一戰後反思科學的大潮流下，梁啟超、梁漱溟、張君勱等人的思想是會重創剛剛起步的中國科學化運動的。這時，丁文江振臂一呼，起而論戰，帶領一班訓練有素的科學家、哲學家向張君勱發起全面反擊，進一步闡釋西方科學的基本含義和對中國現代文化的影響，實在是中國科學運動的大勝利，值得研究科學史、科學思想史的人大書特書的。

　　如果將科學與人生觀論戰過程中所宣揚的科學思想與早前的科學播種工作相比，這場論戰大大促進了中國科學化運動。1915年，陳獨秀創辦《青年》雜誌，高舉起「賽先生」和「德先生」兩面大旗，是為中國科學運動史上的里程碑式事件。但是，這裏的「賽先生」還並不是嚴格意義上的現代科學，而是人們針對中國的社會狀況，選擇一些現代科學中的元素，重新加以闡釋，用來批判傳統思想，並以此來建構新的民族精神的思想武器。幾乎同時，《科學》雜誌創刊。宣傳嚴格意義的科學思想的任務，是由這本雜誌來承擔的。該雜誌聚攏了一批接受過嚴格科學訓練的科學家，他們包括任鴻雋、楊杏佛、胡明復、金邦正、鄒秉文、鄭宗海、唐鉞、翁文灝、黃昌穀等。他們在《科學》上廣泛地闡釋了科學精神、科學方法。後來，中國科學社曾將這些論文編輯成《科學通論》出版。其時，丁文江並沒有參與這些工作，他正在全力地從事純粹的科學研究—與章鴻釗、翁文灝一起開創中國的地質事業。丁文江是先從事具體的科學研究並在從事的學科

打開局面後，再宣傳科學思想、科學精神；而任鴻雋、楊杏佛、胡明復等以「中國科學社」為中心的科學家群體，是先做宣傳的工作，後從事具體的科學研究。1923年，丁文江向張君勱發難，挑起「科學與人生觀論戰」，這是他一生中最集中的一次宣傳科學的工作；毫無疑問，這也是《科學》同人們宣傳科學思想工作的繼續。當然，論戰使《科學》同人宣傳科學思想的陣營擴大了，很多從事具體科學研究的人如章演存、陸志韋、王星拱等都吸引過來、集結起來，加入了這個行列。此外，在論戰過程中，把討論問題的範圍擴大了，研究得也更深入了。

　　還是在論戰進行的時候，當時思想界的領袖梁啟超、胡適就對之作出高度評價，說「這種論戰是我國未曾有過的論戰」，「替我們學界開一新紀元」；是空前的思想界的大筆戰。這種評價，到今天為止，也未過時。

第十二章

百科全書式的人物

丁文江的所知所見實在太豐富了，簡直就是一所老古玩店，五花八門、零零碎碎的東西，從中國軍隊裝備的統計以及唐詩朗誦法，一應俱全。換句話說，你應該把丁博士看作一部百科全書。

——溫源寧

丁文江是典型的百科全書式的人物，他在學術方面的貢獻，絕不止於地學一隅。他涉獵所及，除地質學外，還包括古生物學、地理學、地圖學、人種學、考古學、古人類學、少數民族語言學、歷史學等方面面。丁文江在上述不同學術門類的貢獻，迄今為止，基本上沒有進行系統、深入的梳理與研究。這裏，就簡要地說一說他在現代地圖學和歷史學方面的貢獻。

一、現代地圖學

丁文江最早見到新式地圖，是在留學日本的時候。但十來年過去了，中國的地圖測繪事業基本上是停滯不前：1910年章鴻釗做畢業論文的時候，要找一張縮尺較大的新式地圖，竟無處可尋；次年丁文江第一次在內地旅行時，在貴州也親身領教了「我們這二百多年地理學的退步」。爾後，丁文江創辦地質調查所，他不僅廣泛地搜集、整理各種地圖和外國人在中國測的經緯度，還經常勸所內同人也測定經緯度，而且做圖務求準確。至於他自己，更是身體力行，1913年，他與梭爾格等人到正太鐵路沿線做地質調查，就繪出了地質調查所的第一張地質圖。他經常告誡他的同事：從事地質調查，必須要同時繪地形圖。他在整頓北大地質系的時候，特別強調要開設測量課程，特別是地形測量，因為中國境內只有很少地區是測過圖的，而這些地圖往往不適用，這就需要地質工作者親自測製自己所需要的地圖。凡是親炙過丁文江師教的人，無不

1922年丁文江在南通出席
中國科學社第7次年會

對丁文江的這番苦心，心領神會，如黃
汲清1929～1930年隨丁文江在貴州等地
做調查時，對此就深有感觸。

在丁文江的大力宣導之下，地質調
查所累積起相當數量的各種各類地圖、
地質圖和地形圖。

丁文江積極推動新地圖的印製事
業。1922年8月，丁文江借到上海之
機，專門拜訪了張元濟，談了印製地圖
的設想和建議。他對張元濟說：現有地
圖的舊底全不能用，必須另繪。最好由
商務定出經費預算，以便分配給編繪
者，而由他自己擔任監督指導之責，
不取報酬。但張元濟表示：商務做此
事，是為營利，不能不付報酬。丁文江
就說，地質調查所藏的地圖，其材料費
均出自公家，即使取酬，也該歸所。張
元濟又問：原有分省地圖較詳，如果能
先行修改，則較小之圖即可依此修正。
丁文江則說：分省地圖較費，不如採用
1913年國際地學會規定的標準格式：每
張六經度、四緯度、比例尺為百萬分之
一，不必分省，合起來聯成一大幅。但

文化巨擘張元濟

要繪製這樣詳細的地圖，現有材料不敷，只有直隸、山東、山西、江蘇、雲南等省還算充足。其他各省若製整冊的小圖，則將外國人繪製的零碎小圖設法拼配，也可勉強成功，不過要真做起來肯定會多費時日。如求快，則專請一人製稿、一人繪圖，月薪約三百元，費用又未免過大。如果不嫌遲延，最好託人兼辦，費用較省。張元濟即問：如果專辦，需要多少時間，花費多少？丁文江答說：快則年半，至多兩年，花費大約八千；但假如兼辦，總可減省。丁文江又進一步向張元濟建議：印刷分省地圖花費太多，懸掛又占地方，如用六經四緯式，則地質調查所現已繪成三四省之地質圖，如商務願印，將來可以歸於商務，同時商務可以分印一地形圖，兩者均歸商務發行。張元濟當即拍板：這種辦法操作起來非常方便，可以承辦，不過需要雙方擬定一個辦法。丁文江答道：回去後以地質調查所的名義呈請農商部批准，就可以操辦起來了。

果真，丁文江與翁文灝聯名向農商部呈報了〈全國地質圖測製印刷辦法〉，並得到農商部的原則批准。他們提出的辦法是：由商務印書館代承印銷，但標明地質調查所測製，每種贈該所200份，其餘的均歸該館經理，盈虧自負。

這之後不久，丁文江又被推舉為中華教育改進社「地理教學組」的研究人員（其他研究人員有梁啟超、翁文灝、吳有容、白眉初等），他提議將他們這一組研究題目定為「中國之地形圖」，也獲通過。總之，凡有利於新地圖的研究與測繪者，丁文江無不熱心鼓吹。所以如此，是因為他能深刻認識到地圖在現代化建設和軍事等多方面所發揮的重要作用。他任淞滬總辦的時候，要建立新市政，首先要做的，就

是請人測繪環租界地圖。而1933年熱河抗戰的時候，他也曾為「軍官不會讀地圖」而深深歎息。

丁文江對中國現代地圖學最大的貢獻，就是倡議並主持編纂了《中華民國新地圖》和《中國分省新圖》。《申報》為紀念其創刊60周年，決定組織邊疆考察團。但丁文江對其老闆史量才說：要從事邊疆調查，第一需要「圖」，第二需要「籍」；「籍」先不論，請問你到哪里去找精確的地圖？權衡輕重緩急，最好是先測製「全國精圖」。丁文江的一番話，很是讓這位報業大亨折服，當即採納，並誠邀丁文江主持此事。史大老闆說：印刷發行，由本館負責，但編制之責，除了您誰還能主持呢？自然，丁文江也慨然答允。

丁文江立即組織了一個精幹的地圖編製小組，由丁文江、翁文灝、曾世英三人負總責，另請繪圖員等數人，整個小組不到10人，丁、翁主要擔任指導、聯繫，實際工作由曾世英全面負責，編繪工作自1930年冬開始，辦公地點就在

《申報》老闆史量才

地質調查所。

編圖的原則和方法，是丁文江定下來的。他首先要求，方位要準確，地形要表示。依此原則，曾世英在編圖過程中，一面搜集古今中外經緯度測量成果，訂正各地方位，一面考核各圖海拔的依據。詳為考證後，據以描繪等高線，並用分層設色法表示地勢高低，淘汰了用筆架式、毛毛蟲式等符號示意性畫法表示山脈走向、地勢高低的陳舊方法，否定了龍脈說（認為山嶺脈絡相互通聯，源出蔥嶺）。而這種辦法，在傳統的地圖編纂中，是沒有的。曾世英領導的工作小組利用的主要「原料」，是地質調查所收藏的近萬幅地質圖、地形圖，這是做好方位訂正工作的物質保障。為了編好這部劃時代的地圖，地質調查所把二十幾年來的家底都拿出來了。

地文與人文分幅，是一個新創舉，也是丁文江提出來的。這樣做的好處是既能最大限度地增加信息量，又能做到詳略得當。

丁文江又提出，普通地圖部分按經緯線而不按省區分幅。丁文江認為，若按省分幅，勢必重複較多，不僅增加編繪工作量，影響出版日期，而且提高印製成本，增加讀者的經濟負擔。而且，按省分幅，又必然是比例尺各異，不便相互對比。而按經緯線分幅，就不存在這些問題，東部人煙稠密，且資料詳細，所用比例尺為二百萬分之一，西部則用五百萬分之一。

紀念地圖原來計畫只有一種，即《中華民國新地圖》。但在編製過程中，鑒於篇幅較巨，售價必昂，曾世英便提出縮編的建議，也得到丁文江的首肯。於是，除了《中華民國新地圖》，又有了《中國分省新圖》，兩圖合稱《申報》地圖。

《申報》地圖的劃時代意義，除以上諸點外，還有：在圖後編附了地名索引，用不同字體表示經緯度數值等等。

《申報》地圖1933年3月完成，次年出版。一面世，即廣受好評，被稱之為「中國地圖學界一部空前未有的巨著」、「國內地圖革新之第一聲」、「可與世界最進步之地圖並列而無愧色」。其中，《中國分省新圖》在十幾年間共銷行20萬冊，產生了廣泛的影響。而這與丁文江的創議、領導和關心是密不可分的。

《中華民國新地圖》

二、歷史學

丁文江對史學的首要貢獻是用其他學科研究歷史，就是今日所說的跨學科研究。丁文江在這方面最早的貢獻是用優生學的知識研究中國的譜牒。在1910年代，優生學產生的時間還不長，但丁文江對其研究狀況瞭若指掌。他在向國人介紹這門新學科時，將優生學翻譯作「哲嗣學」。丁文江指出，如果用現代科學方法對中國傳統譜牒進行深

《中國分省新圖》

入研究，就可以發現中國優生方面的新結論。但他也指出，中國的譜牒，有很多缺點，諸如夭觴者不入譜、嫡庶的分別等等。於是，他就提出自己的新式的修譜辦法：先把自己的兄弟姊妹，寫在最低的一行上，再將父母寫在上面一行，然後照樣推寫祖父母，外祖父母，曾祖父母，外曾祖父母；能夠推到哪一代就推到哪一代。然後把每代有血族關係的人，就知道的，詳詳細細，分列在兩邊。並且把他們的夭、壽、智、愚、性情、職業，以及身體的強、弱、長、短、病症的種類、程度，每人逐一分寫起來。只求詳盡可靠，不圖舖張揚厲。這樣的譜，代數縱然不多，它的價值，比那個四五十代，零零落落，殘缺不全的譜，相去何止天淵。

丁文江在跨學科研究方面的另外一個貢獻是用統計學的方法——通過對二十二史上的人物籍貫的統計，研究了「歷史人物與地理的關係」。為此，他作了頗為詳細的統計表。他的初步結論是：「在一時代以內，各省人物的貢獻，數目至不平均。然而同一個省分，在六個時代之內一時代的貢獻，又與其他時代相距的很遠。這種人物分數的變化，實足以代表文化中心的轉移。」對於其中的原因：丁文江也做了探討，他認為主要有這幾個方面：建都的關係；但都城的地位不是人物變遷的唯一原因，文化的中心比都城的地位重要，若都城也是那時代的文化中心，建都的省分，人物自然比他省要多；其次是皇室的籍貫；經濟的發展；「生存優點」的變遷（何者為優，何者為劣，在人類方面，全是看社會的習尚為準）；殖民同避亂（這是最重要的原因）。丁文江在綜合研究了前漢到明朝以來的6個朝代後指出：漢朝時中國的文化中心，在山東、河南；唐代文化的中心在陝西，北方各省的程

度，比兩漢較為平均；北宋時雖因為建
都的關係，河南特別出人；南宋北方不
在版圖以內，文化中心從此就到了長江
下游。明朝的文化中心，是在江蘇、浙
江、江西、安徽四省。

　　丁文江的歷史觀，頗受梁啟超、
胡適影響，而丁文江也影響了梁、胡二
人。梁啟超在一封信裏，曾經談到他翻
譯完《世界史綱》後，曾讓丁文江說明
潤色、校閱譯稿。

　　丁文江曾有志作一部中國歷史，
但由於多種原因未能如願。不過，他有
兩部重要的歷史著作可以代表他的歷史
觀，那就是《徐霞客年譜》和《梁啟超
年譜長編》。

丁文江出席中華文化教育
基金董事會第一次年會

丁文江在北京出席中華文化教育
基金董事會的會議

第十三章

丁大哥「捧出心肝待朋友」

一個人沒有良師益友，如何能成通人？

—丁文江

丁文江一生，交遊極廣，自政府要員、軍閥首領，到學界名流、工商鉅子、海外一流學者，都有他深交過的朋友。他在17歲的時候就得到過康有為的幫助，在18歲的時候拜謁過孫中山先生，他和梁啟超的關係，亦師亦友，私交極為厚密。此外，蔡元培、張元濟、胡適等不同輩份的學界領袖都與他有過非同一般的交情。如果寫一本《丁文江及其友人》，只寫與他不同年齡段的知友、摯友、密友（包括蔡元培、梁啟超、張元濟、章鴻釗、翁文灝、胡適、徐新六、任鴻雋、劉厚生、葛利普、傅斯年等）的交往，那也必將是一本大書。

凡是和丁文江有過深交的人，無不感於他對朋友的誠厚，無不對他的交友之道交口

丁文江圖傳

偶有幾莖白髮，心情微近中年，
做了過河卒子，只能拼命向前。

廿年十二月自題近照

被丁文江視作「小弟弟」胡適

傅斯年

稱讚。在他逝世後，傅斯年在懷念他的文章裏有一段話很有代表性：「他對於好朋友之態度，恰如他對於他的家人、妻與兄弟，即是凡朋友的事，他都操心著並且操心到極緊張極細微的地步，有時比他那一位朋友自己操心還要多。他的操心法，純粹由他自己的觀點行之。他是絕對信賴近代醫術和醫院規律的。朋友病，他便如法泡製之。舉例說，受他這樣待遇的，有適之、詠霓兩先生。他是絕對相信安定生活是工作的基礎條件的，朋友們若生活不安定，他便如他的見解促成之。受他這樣待遇的有我。他為一個朋友打算，要從頭至尾步步安排著，連人如何娶妻，如何生子都在裏頭。據李仲揆（即李四光）先生說，在君這樣為他安排過，只是仲揆沒有全照他的方法。朋友死了，他便是孤兒寡婦第一個保障人，趙亞曾先生的事可以為例。」正因為他對朋友有這樣一種特殊的、甚至超越朋友界限的關心，所以，朋友們總喜歡稱他作「丁大哥」。

這裏，就簡敘一下丁文江和翁文

灝、梁啟超的交往片段。

一、「聖人」翁文灝

丁文江最早結識翁文灝是在1914年底他結束雲南地質調查回到北京的時候。其時，作為我國第一位地質學博士，翁文灝在丁文江一手創辦的地質研究所任專任教員已快1年了。對翁文灝的加盟，丁文江自是欣喜無限：「余歸自滇，由章君而識鄞縣翁君文灝，又得交礦政顧問瑞典人安特生及其書記丁格蘭君。於是，一所之中，有可為吾師者，有可為吾友者，有可為吾弟子者，學不孤而聞不寡矣。」自然，翁文灝對他們的初識，也有深刻的印象：

> 我初認識在君先生是在民國三年。那時他剛從雲南省調查地質回到北京，每次遇見，他都敘說他在東川等處考察礦產的情形，金沙江的大川深峽，苗子猓猓的人情風俗，使我對於遠道旅行發現極濃厚的興趣，也從此時開始覺悟中國土地廣大交通艱阻，中國地質學者正當以跋涉山川，開闢此學術的疆域引為己責。我自覺見獵心喜，在君先生恰是中國地質學界中第一個獵人。

自此，章鴻釗、丁文江、翁文灝三位中國地質事業最主要的奠基人，終於聚首在一起，他們切磋學術、探討教學，互相敬重，互相幫扶，彼此取長補短，為日後輝煌的中國地質事業打下了堅實穩固的基礎。丁文江回到地質研究所重新擔任教學工作後，竭力主張修改課程，加強野外實習。經三人充分商酌後，修訂後的課程表由農商部公佈，並付諸施行。此後，丁、章、翁三人分別帶領學生頻頻外出實習，足跡遍及京郊各地，最遠則到過開灤煤礦、山東泰安等地。對丁文江的注重實習，翁文灝後來多次撰文表彰，他對1915年6月的一次外

民國四年我同他到平綏路旁的雞鳴山煤礦閒遊。但在君先生在閒遊中也絕不忘工作，我跟著他渡渾河，登玉帶山，敲捆球腐蝕的輝綠岩，辨自南趨北的逆掩層，回首舊遊，歷歷如見；尤可證明領導人才之真能以自身興味引入入勝。同年夏間我往綏遠調查，啟行以前，在君先生指示測量製圖的方法，採集化石的需要，諄諄善誘，使我明白地質工作之絕不能苟且了事。

在學術問題上，丁文江又不專橫獨斷，而能做到從善如流。比如，在漢文地質科學名詞選用問題上，章鴻釗和丁文江的意見是針鋒相對的；章氏主張應全盤使用日本人譯的名詞，丁文江則主張將日譯名詞全部推翻，另起爐灶。翁文灝的態度則是：在日譯名詞的基礎上，再加以補充。事實上，後來就是採用的翁文灝的辦法。在出版地質調查報告方面，丁文江與翁文灝也各持己見。丁文江一向慎重，主張寧遲勿濫；他始終認為當時的工作不夠科學標準，必須更為努力，提高水準，做到真正像一個樣子，才好發表。翁文灝雖也認同丁文江的嚴謹精神，但他認為，大量的地質報告不得發表，也並非有利於學術的進一步發展。因此，他就借丁文江出國之機，全面啟動《地質彙報》、《地質專報》的編纂工作。事實證明，翁氏的做法是有先見之明的。

經過幾年共事，丁文江對翁文灝的學問、人品，都有了深入的瞭解。因此，每每遇到他出外從事地質調查或出國，他總是呈請部裏讓翁文灝暫行兼代地質調查所所長。1918年底，丁文江陪梁啟超遊歐，翁文灝又被任命為代所長，對此安特生卻有疑問：翁能擔當大任嗎？

他還把這種疑問說給丁文江聽。丁文江
自然心中有把握，因輕鬆地對安氏說：
「你就瞧好吧。」果然，丁文江結束十
個月的旅行回國後，安特生對翁文灝有
了新的認識，讚不絕口。

安特生

1921年，丁文江請辭地質調查所
所長而就北票煤礦總經理。順理成章
的，翁文灝就被任命為地質調查所會辦
而全面主持所務。1926年，丁文江因
任淞滬公署總辦而與地質調查所全面脫
離職務關係，翁文灝則正式被任命為所
長。但是，丁文江一直關心著地調所，
切實地從旁協助著翁文灝。地質調查所
自成立以來，就面臨著嚴重的經費不足
問題；所以，丁文江一方面要組織科學
工作，一方面還要想辦法弄錢來養活科
學工作。翁文灝上任後，依然面臨著這
個問題。1924年，管理美國庚子賠款
的中華教育文化基金董事會成立，翁文
灝極力擢掇丁文江謀得一個董事職位，
以便為地調所「設法」，儘管丁文江對
這種事本來毫無興味，但還是出頭了。
從此以後，地調所就有了一筆非常可

觀的資助，扶植了好幾種新的研究事業。1927年，中國又一次政權更迭，地調所又面臨經費等多方面的新難題，正處於「逆境」的丁文江仍不忘關照胡適安慰翁文灝。中央研究院地質研究所成立後，翁文灝一度想把地調所移交中央研究院了事；丁文江則堅持不可，並設法多方幫助。據不少在地調所服務的老人回憶，丁文江卸任後，卻是「太上所長」；遇有大事，不但翁文灝要找他商量，而且他也最願意「挺身而出」，出謀劃策，敢於擔當。因為丁、翁二人心裏想著的，只有事業，而毫無私心，所以才能切實合作並結下深厚友誼。最感人的是1934年翁文灝在浙江出車禍後丁文江的種種舉動。

這年的2月16日，翁文灝在去浙江長興考察油田途中，在武康境內發生車禍，受了重傷。此時丁文江正臥病於北平協和醫院，他從報上看到消息後，馬上下床要去杭州探視，為醫生所阻：「你在這個時候離開醫院去坐車是極傻的。你到了杭州，一個病人也無一點用處。」他沒有多話，只是反覆說：「詠霓這樣一個人才，是死不得的。」面對前來探視的胡適，丁文江良久不能作聲，眼淚雙墮；他又囑胡適給汪精衛寫信，萬一翁文灝不治或需要長期靜養，請汪轉託陳公博：「倘詠霓萬一有生命危險，或傷重須靜養，萬望先生敦囑公博兄不可隨便派人來做地質調查所長。」並推薦謝家榮擔任此職。一個禮拜後，丁文江即南下杭州，探視翁文灝。對此，翁文灝最小的兒子翁心鈞，有一段深情的回憶：

當時我們家上老下幼，驟遭此難，不知所措，全仗丁伯父和父親的一些老友熱心奔走，大力照應。專程來杭會診的協和醫院腦科主任關大夫和廣濟醫院醫生都認為父親已經毫無希望，要求

家屬趕快準備後事。我家自祖父經商失敗後，全靠父親一人薪俸度日，子女繁多，家境清寒，當時除大姐早已出嫁，大哥即將大學畢業外，兄弟姐妹中尚有三人在讀中學，三人在讀小學，若是有個萬一，家庭真是不堪設想。但是，那時我還少不懂事，對家中的這種嚴重情況竟毫無所知，後來才聽母親說起，當時父親的幾位好朋友已經作好收養我們中幾個年幼者的打算，丁伯父準備收養的就是年紀幼小的我。後來父親的病情有了好轉，丁伯父和楊公昭伯父還曾帶我往遊紹興，謁禹陵，細雨下乘腳划船，沿運河西至東湖，那倘徉山水，憑懷古跡的往事還歷歷在目。可惜歲月流逝，又屢經流離，當時一些珍貴的照片都已散失無存了。

萬幸的是，翁文灝轉危為安，否則這些計畫也就付之東流。不過，針對一些說法，丁文江又寫了一篇〈我所知道的翁詠霓——一個朋友病榻前的感想〉，來評價翁氏的人格與敬業精神。今天讀

丁文江多次地對翁文灝說：「我根本不相信世上有聖人。若是有，你總要算一個！」

徐志摩寫給丁文江的一封信的手跡。

梁啟超

來，仍令人感動不已。翁文灝經過一段
時間修養後，很快就回到工作崗位上
了。不過，兩年不到，丁文江也遇到了
類似的「天上掉下來的災禍」，這就輪
到翁文灝為丁文江奔走、焦心了。

二、「小孩子」梁啟超

在朋友中，丁文江把翁文灝視作
「聖人」；把胡適視作「小弟弟」，什
麼事都想替他操心；梁啟超呢，則是他
時時關心著的「小孩子」。

自1919年遊歐後，丁、梁二人之
間的友誼日益深厚。丁文江對任公寄希
望最多、也奉勸最多的是：不要再從事
政治活動了，專心學術研究吧。他認
為，梁啟超的性情不適合政治活動。現
在看來，這種看法倒也入木三分。每每
遇有政客、朋友邀梁啟超出山時，丁文
江總是最先站出來反對。1925年北京
開「善後會議」的時候，林長民、段祺
瑞都希望梁啟超出任「憲法起草委員會
會長」。起初，老朋友林長民來遊說，
梁啟超不費躊躇即辭謝了；後來，段祺

瑞派人來，很是擺出一副「三顧茅廬」般的誠意，大有不達目的誓不還的架勢。在這種情勢下，梁啟超就動搖了，幾乎鬆口答應了。但丁文江知曉後，堅決反對，責備任公主意遊移。在丁文江和一干朋友的反對聲中，任公躍躍欲試的熱情就被打消了。1927年，在國民黨「清黨」之後，政治局勢擾攘不定，此時又有不少人慫恿梁啟超出來組織團體。對此，丁文江仍主張梁「完全不談政治」，專做幾年來正在做的學術工作。

1921年，丁文江移家天津，而此時梁啟超家也安在天津，二人過從甚密。在梁啟超的信劄中，我們經常看到這樣的記載：「晚上又與張君勱、林宰平、丁在君等談個通宵」。在學術上，他們互相影響。丁文江在整理《徐霞客遊記》、為徐霞客編年譜時，就得到過梁啟超的大力幫忙，特別是梁家的豐富藏書，為丁文江的研究工作提供了極大方便。而梁啟超翻譯《世界史綱》，也得到丁文江的潤色、校閱。據胡適說，梁啟超後來掌教於清華研究院，也是丁文江在中華教育基金董事會所主張的。在政治上，丁、梁二人也有步調一致的時候，「五卅慘案」發生後，他們和一幫社會名流共同發表抗議宣言。1926年丁文江在上海任總辦，梁啟超也是時時關注。在生活上，丁文江對梁啟超可謂是操心備至。1926年春，梁啟超舊疾復發，丁文江堅決主張入住協和醫院治療；1927年夏天，梁啟超又奈不住政治熱情而欲寫政論，丁文江仍勸阻，說只有「知其不可而為之」，沒有「知其不可而言之」，要求梁作純粹的休息。

1929年1月19日，梁啟超逝世於北平協和醫院。在任公住院期間，丁文江可以說是「調護周至」；任公死後，他又像家人一樣參與

治喪等處理後事的活動。此外，他還向朋友們募捐，為梁啟超造像。2月17日，北平的追悼梁啟超大會在廣慧寺舉行，丁文江送了祭幛：

> 生我者父母，知我者鮑子。

> 在地為河嶽，在天為日星。

同一天，上海的追悼會在靜安寺舉行，丁文江送的輓聯是：

> 思想隨時代而變，一暝更何之，

> 平生自認仔肩，政績僅追劉正字。

> 文章得風氣之先，百身嗟莫贖，

> 少日酬至宣室，聲明突過賈長沙。

梁啟超逝世後，梁的親屬和朋友擬辦兩件事：一是編輯《飲冰室合集》，由林志鈞負責；二是編一部年譜，由丁文江負責。編輯年譜的計畫確定之後，即由梁的子女梁思成、梁思順（令嫻）署名登報，並由丁文江和梁思成親自發函向各處徵集梁啟超與師友的來往信劄，以及詩、詞、文、電等的抄件或複製件（原件人由原收藏者保存）。僅半年左右時間，梁家就收到了大量的資料，其中僅梁的信劄就二千多封，其他各種資料仍陸續寄來。而為梁啟超編年譜，也就成了此一時期丁文江的主要工作。當時，丁文江在給胡適的信中，頗為詳細地談及此事：

> ……任公家中所發現的信不下千封，整理極費時日。任公自己的長信也有多種。材料不可謂不多，但各時期詳略不一，真正沒有辦法！

> ……近來搜集年譜的材料，日多一日，壬子以前的一千幾百封信，已將次整理好了。自光緒丙午到宣統末年的事實已經很明白。

關於保皇黨許多奇怪的歷史，南海和任公的離合，也真可謂妙不可言。凡有信可考的一部分，將來一定可以滿足。我大約半月以後可以著手先述光緒丙午到戊戌，這幾年有南海自己編的年譜可作根據，——所難的是南海的話，大抵是一面之辭耳。

⋯⋯自從我上次寫信以後，又收到許多極好的材料。任公的信，已有兩千多封！有用的至少在一半以上。只可惜他家族一定要做《年譜》，又一定要用文言。我想先做一個《長編》，敷衍供給材料的諸位，以後再好好的做一個白話的 "Life and Letters"。

⋯⋯我整理任公的信，發現了犬養毅的信。今天寫了一信給芳澤，請他向他的丈人要任公的原信，並且請他搜求日本人方面的材料。你要是有機會看見他，請你幫我說項。

丁文江為《梁啟超年譜》緊張地忙碌了幾個月後，這項工作就又被他的本職工作打斷了。1929年冬，他受南京政府鐵道部的邀請，組織西南地質調查隊前往雲南、貴州等地進行地質調查，第二年夏天才回到北平。1931年秋，丁文江就任北京大學地質系研究教授。當時，丁既要寫西南地質調查報告，又承擔了北大的教學、研究工作，實無餘力再編輯年譜。因而他就託朋友從北京高等學校中替他物色助手，幫他編輯梁譜。恰在此時，燕京大學《史學年報》上的一篇〈康長素先生年譜稿〉引起了丁文江的注意，他立即向朋友們瞭解其作者趙豐田的情況。很快便打聽出來了：這位趙先生是燕大研究院的學生，顧頡剛的高足。於是，陸志韋和顧頡剛就介紹趙豐田做丁文江的助手，助丁編寫梁譜。

自1932年暑假開始，趙豐田全面投入「助編」工作。面對浩繁、

丁文江出席中國科學社
第9次年會並10周年紀念會

丁文江參加中基會的一張合影

雜亂的資料（梁啟超來往信劄近萬件，著作幾百萬字，還有大量的研究文字），真有「天狗吃月亮」——無從下口之感。但丁文江已成竹在胸，向趙交待四條主旨：

一、梁啟超生前很欣賞西人「畫我像我」的名言，年譜要全面地、真實地反映譜主的面貌；

二、本譜要有自己的特點，即以梁的來往信劄為主，其他一般資料少用；

三、採用梁在《中國歷史研究補編》中講的編輯方法，平述和綱目並用的編年體；

四、用語體文先編部年譜長編。

根據這4條，趙豐田又擬定出25條「例言」，經丁文江修訂後，就成了年譜編訂工作的總指標。「規矩」定下來之後，趙豐田就開始了緊張的編輯工作；丁文江則不定期地前來瞭解編輯情況，並及時提出一些指導性的意見。1934年秋，趙豐田編出了第一稿，共24冊，100餘萬字，但丁文江認為篇

幅太大，要趙進一步削簡。於是，趙就開始了進一步的刪削工作；但此一工作未完，丁文江就因公殉職了。之後，年譜的編纂工作由翁文灝接手。1936年1月12日《翁文灝日記》記道：接見趙豐田，「收梁任公年譜稿二十八冊」。4月18日《日記》又記：「與胡適之商任公年譜事。」 到1936年5月，年譜第二稿編成。翁文灝便根據丁文江的原意，題名為《梁任公先生年譜長編初稿》，油印50部，每部裝成20冊，發給梁的家屬和知友作為徵求意見之用。這一工作一直持續到1949年以前。

之後，歷經種種磨難，終於，在臺灣和內地分別出版了這部年譜，但兩種版本差別頗大。顧頡剛先生在給大陸版梁譜寫的序言中說：「《梁譜》出版有期，不獨慰我無量，並康、梁、羅、丁諸家亦將歡喜無既。爰不辭病軀之孱弱，一吐五十年來之苦悶，後之覽者倘亦與我有同感乎！」關心梁、丁學術的人當然會有顧夫子的同感，但是更令人感慨的是，在梁啟超逝世近80年、丁文江逝世70年後的今天，依然沒有一部新的《梁啟超年譜》來超越這部《梁啟超年譜長編》！

第十四章

淞滬督辦公署總辦

當革命的時代，如我這種人實在不適用。我不大很會說謊話，而且疾惡過嚴，又好管閒事。行政方面我自信頗有能力，在上海的實驗，尤足以堅我自信，但是目前不是建設的時代……

——丁文江

一、從「總經理」到「總辦」

丁文江自辭去地質調查所所長後，就把更多的興趣點，轉移到政治上來。先是談政治，後來也逐步參與實際政治。1925年，他先後走訪了南方最有實力的軍閥吳佩孚和孫傳芳，而這前後，他與北洋政府的要員們也有著極為密切的往來。他於1925年底下半年辭去了北票煤礦總經理的職務在這之前他就已經決定要在實際政治方面有所作為了。

從此，丁文江的政治活動頻繁起來。在

丁文江圖傳

顏惠慶

丁文江與英國庚款委員合影

北洋政府的要員顏惠慶的《日記》裏，留下了這樣一些證據：「丁文江説軍事形勢有變化」；「丁文江對九六公債提出備忘錄錄，強迫中國的股票持有者在新的證券和舊的證券之間做出選擇」；「據丁文江報告，在陰曆年底以前各方面都將有劇烈爭鬥，張紹曾活動頻繁，他想進入權力機構」。類似的記載還有很多。

進入1926年，他各方面的事務也漸漸多起來。首先，英國政府正式聘請他為退還庚子賠款考察團團員。原來，英國在決定庚款的使用原則之前，決定先派遣一代表團來華調查。這個考察團由6人組成，中英各3人，中方為丁文江、胡適和王景春，英方為威靈頓、蘇希爾和安特生。只要英方委員一到中國，他就必須參加各種會議和調查活動。而在這之前的2月底，他作為中基會董事，在北京出席了中華教育文化基金董事會第一次常會。出席這次會議的還有顏惠慶、范源濂、黃炎培、張伯苓、蔣夢麟、周詒春、孟祿、顧臨、貝克等9

人，會議主要目的是分派美國退回之庚
款。在會議上，丁文江作為名譽秘書，
報告了上屆大會以後歷次委員會經過
情形。3月初，中國地質學會評議會開
會，決定設立葛利普獎章，並通過獎章
規則，選舉丁文江、章鴻釗、翁文灝、
王寵佑、李四光、葛利普等6人為葛氏
獎章委員會委員。緊接著，他南下上
海，參加英國退還庚子賠款考察團的會
議，而這期間，他還到南京出席了中國
科學社春季理事大會。

　　3月22日，丁文江和其他5位英國庚
款考察團成員在召開新聞發佈會，説明
該團的任務：考察團將討論最適當之用
途及管理方法，組織基金董事會，決定
方針，建議於英政府；會中中外委員，
許可權地位平等；董事會成立後，考察
團即行解散。之後，他們緊鑼密鼓地工
作了1個月後，考察團於4月24日召開會
議，決定趕快將大綱結束，而將赴港、
粵考察的計畫也決定展緩，原因是：丁
文江因受任淞滬商埠總辦，事務極繁，
將來成立以後，兼顧為難；而王景春又

丁文江與中英庚款委員

丁文江與部分中英庚款委員

因有喘疾，入夏即發。

　　自此以後，丁文江就投入到總辦公署籌辦、就職等紛繁事務上來。至於丁文江為什麼要擔任軍閥手下的這麼一個讓後人詬病的職務？海內外的研究者們列出了這樣一些理由：丁認為改良中國的政治絕不能等到所謂時機成熟，有機會不可失機會，他很想借機會試驗一回，實現「少數人的責任」；孫傳芳在軍人中很有才，很愛名譽，很想把事情辦好，他驅逐張宗昌出上海，驅逐楊宇霆出南京，聲明決心整肅軍紀，保安地方，重用地方賢達，曾引起一時清望；「救援江蘇」運動的背景。

　　不過，究竟是哪些理由起了決定作用──或者幾個理由兼而有之，或者還有其他的理由，這都是需要歷史學家進一步研究的問題。

　　5月1日，丁文江奉孫傳芳之招，由滬赴寧，報告在滬與官紳接洽情形，順便歡迎孫氏來滬。同一天，〈淞滬商埠督辦公署組織大綱〉公佈，〈大綱〉規定：淞滬商埠督辦公署，管理淞滬商埠內行政、外交、保安等事物，並監督商埠內地方自治事務；淞滬商埠督辦公署，設督辦一人，由聯軍總司令兼任之，經理一切；政務總辦一人，由總司令任命之，稟承督辦，監督指導本署各職員，執行本署職務，督辦不在署時，由總辦代行職務，但遇有重要事項，仍須請示辦理⋯⋯至於成立淞滬商埠督辦公署的目的，孫傳芳說，「就是要改良華界的市政，為將來的大上海，造成一個穩固的基礎。」

　　1926年5月4日，龍華前護軍使署舊址內冠蓋雲集，戒備森嚴──淞滬商埠督辦公署成立典禮正在舉行。孫傳芳、丁文江二人都穿大禮服，由司儀導引到大堂中間站立；各處科長等均分列兩旁，孫傳芳居

左，丁文江居右，禮官贊禮，二人分就
督辦和督辦公署總辦，督辦公署即告成
立。公署下設總務、外交、政務、財
政、保安、工務六處。

　　在稍後的幾天裏，孫、丁二人自
是有一番密集酬酢和視察：招待上海各
界，宴請各國駐滬總領事、工部局董
事、總辦等外賓；又不斷出席各種邀
宴；參觀兵工廠，校閱救火會，檢閱員
警等等。自然，在各種應酬活動中，孫
傳芳也不忘宣傳他的「新政」和任用丁
文江的初衷，他在5月5日的一次招待會
上就說：

丁文江陪同孫傳芳出席招待會

丁文江陪同孫傳芳視察救火會

　　……把地方行政權集中在一處，
使他有能力可以改良原有的市政，籌
備未開的商埠，解決外交上之懸案，
漸漸把租借以外的上海，造成功一個
模範市，然後以模範市政的成績，為
要求收回租界的根據。……我找得幫
我忙的丁總辦，不是我的私人，他本
來是為英國庚賠款委員會的事來的，
我相信他不肯謀自己的私利，相信他
能實行我的政策，我才肯找他來，他

會審公廨大門

清末會審公廨

贊成我的政策，他方始肯來。不然，要想當商埠總辦的人多得很，我手下的舊人也多得很，我又何必要找一個沒有給我共過事的姓丁的呢？

二、收回會審公廨的交涉

5月11日，孫傳芳離滬赴杭。丁文江將孫送走後，他作為上海的最高行政首長，就開始全面行使起「總辦」的職權來。首先要辦的，就是收回會審公廨的交涉。在丁文江任「總辦」的短短幾個月裏，前期，主要忙這事；後期則集中辦理上海的新市政。

會審公廨本是列強侵害中國司法權的一個畸形物，它設置於1864年。1869年中、英雙方頒佈的章程規定：由上海道台遴選的同知主其事，專門處理「管押」與「枷杖」以下罪名的民刑案件，其外仍由上海縣地方法官審斷；上述案件若純為華人間事由中國官員自行解決，各國領事不得干涉；凡涉及洋人包括華人控訴洋人案件均須會同領事官或其委派洋官審斷。但辛亥革命發生，上

海道員逃遁，駐滬領事乘機自行委任讞員，公廨內部組織及運作遂由領事團完全操縱。

民國政府成立後，為收回公廨，曾多次與列強交涉，但都無結果。五卅運動後，北洋政府在民氣的推動下，加速了交涉的進程。從1926年2月開始，北庭外交部與英、美、法、日、意等國代表先後在北京舉行了5次會談，由於列強對中國所提交還監獄、租界特別法庭完全適用中國現行法例、外國律師出庭須中國司法部核准等原則持有異議，因而，談判幾致破裂。

正當北京的談判陷於停頓的時候，上海的紳商各界要求地方直接與列強談判、先行收回的呼聲卻越來越強烈。1926年4月25日，上海各界代表趙晉卿、陳廷銳、李祖虞、董康到南京面謁孫傳芳，再度陳述由地方直接交涉收回的主張。孫傳芳除表示已計畫就地解決外，並當面派定丁文江專辦此事，全權處置。因丁文江尚未就總辦之職，行使職權頗有不便，孫傳芳便與江蘇省長陳陶遺先「會委丁文江辦滬廨案」。5月4日，丁文江接見記者，談到會審公廨問題時說：「其第一步辦法，恐在恢復〈洋涇浜章程〉與遜清宣統初年間之公廨舊狀，凡華人相互間之訟案，逕由華官審理，不必外領陪審；設立上訴法庭一層，乃屬第二步，當再籌議」。

丁文江最初接辦這項事務時，本準備邀請當地熱心士紳及歷來為這事奔走的人，組織委員會，後又覺得不必有此形式，不用委員名義，唯遇事仍邀同商量，以資周密。5月8日晚，上海各法團運動收回滬廨代表趙晉卿、陳廷銳、李祖虞等宴請丁文江等人。席間，丁文江表示會與許沅切實辦理公廨案，並請各法團先擬具說帖，呈省核准，

依據提出。討論結果，推李祖虞起草。爾後，丁文江、許沅到禮查飯店辦公，以便與各界廣泛接觸並制定計劃步驟。同時，由法團代表起草的收回會審公廨說帖已出籠，內容分刑事改革、民事改革、收回前之準備、收回後之措施四大綱，內又分子目若干項，詳細說明交涉程式步驟，以備官廳提出交涉時借鑒、參考。

同時，為解決地方交涉的許可權問題，孫傳芳當局也與北洋政府達成默契。5月11日，許沅致電外交部參事廳，報告孫傳芳與陳陶遺已派定丁文江辦理收回會審公廨交涉事，又請示如何辦理法、公廨的處置方針。19日，外交部覆電稱，收回滬公廨案在上海就地辦理，極為妥善；並令許隨時報告談判情形；外交部方針，已見5日電報，「此後如何進行，仍當隨時電告，以期內外呼應，免為外人所乘」。

經過充分準備後，5月21日下午，丁文江、許沅、江蘇交涉署交際科科長楊念祖與英國駐滬總領事巴爾頓、美國

許沅

駐滬總領事克寧漢、日本駐滬總領事矢田七太郎就收回會審公廨問題在交涉公署外交大樓舉行秘密會議。雙方共同認定，此次會議屬非正式交涉性質，「在中央未經商妥以前，擬定一暫行辦法，以應現實之需要」。在談判中丁文江又聲明此臨時法「以二年為期」。這次談判的基礎是1924年北洋政府外交部向外交團提出的草案，爭論的焦點是刑事案件是否需要外員陪審的問題。雙方未達成協定，但約定於25日續開會議。

25日，雙方的秘密會談如期舉行。是否需要外員陪審問題依然是雙方爭論的焦點，丁文江在此問題上寸步不讓。英領事又提出外國律師出庭問題，日領事則提出法庭經費問題。雙方仍未達成協定，但約定於28日續開會議。

談判桌上的丁文江，在原則問題上是寸步不讓，在細節問題上卻能靈活、變通。又因他在歐洲留學多年，深知西方人的心理合遊戲規則，且以名學者受西方人的尊敬，因此交涉起來頗能得事半功倍的效果。一般情況是，丁文江每參加完一次談判後，就立即與趙晉卿、陳霆銳、李祖虞等舉行會議，交換官民方面意見，以便磋商一致，作為交涉基礎。此時北京政府外交部的態度也很明確：北京交涉未解決各點請丁文江照外交部方案交涉，除刑事陪審無商量餘地外，其餘則可考慮。孫傳芳則向外交部承諾：丁文江主持的這次交涉，係臨時交涉性質，與將來中央正式交涉，並無抵觸之虞。

在28日舉行的第三輪會談中，丁文江仍堅持取消外員陪審。雙方還就法庭經費、外國律師出庭、法律委員會組織辦法等問題展開交涉。在6月9日舉行的第四輪會談中，雙方對法庭經費問題已無異議，

因孫傳芳答應可在鹽款項下每月撥款4萬兩。到8月6日止，雙方共舉行了八次談判，對一些爭議的問題，基本達成妥協。傅斯年説，丁文江從外國人手中爭回重大的權利，「不以勢力，不以手段，只以公道」，這是平情之論。

8月23～31日，中方代表丁文江、許沅與16國駐滬領事先後簽訂〈收回會審公廨暫行章程〉。章程規定：在原會審公廨改設臨時法院，臨時法院適用中國法律。臨時法院的院長、推事由江蘇省政府任命。在領事派員觀審的案件中，中國審判官的判決，無須獲得觀審員的同意，即生效力，如無審判官的許可，觀審員對證人及被告人不得加以訊問。章程將過去由領事會審的與租界治安直接有關的純粹華人刑事案件和外人所雇華人為被告的刑事案，改為觀審。原權力很大的檢查處改為書記處，其職權縮小為附屬於法院行政的一部分。但仍有一些權利未能收回。如繼續保存了一些方面的領事會審制。臨時法院的司法員警，仍由工部局警務處選派。具有相當權力的臨時法院書記官長，也由領事團推薦等。

這樣，曠日持久的收回會審公廨交涉案，終於告一段落了。此後，在丁文江主持下，雙方還有一些談判，但所談的都是些枝節問題了。9月5日，董康、趙晉卿、陳廷鋭、李祖虞等法團四代表為收回滬廨宴請丁文江、許沅，以伸慰勞之意。董康致詞後，丁文江演説：

晚聞綬老言，今日之會為慰勞性質，實萬不敢當。此次辦理交涉，困難滋多。第一由地方辦理，究非中央政府可比；第二以中國現狀之混亂，自不能予外人以信任，每有疑問，輒苦無從置答，亦不可以予人保障。鄙人無外交、司法經驗，此次貿然擔任其事，自

覺荒謬。唯迄於今日，當能有相當結果者，一以孫聯帥之誠意，能
予外人以信任；二則秋帆許君為老交涉員，過去歷史，知之甚詳；
三則法團代表四君隨時督促指教，幸無隔越，鄙人實無勞可言。唯
今日交涉猶未結束，法律問題待商猶多，故今日言慰勞，似覺過
早。且雙方預有成約，在未解決前條文不能宣佈，今日鄙人亦未便
有所宣佈。唯有可言者，則綬老所顧慮之部、省衝突一層，雙方已
有諒解，可不致發生。至於當局者功罪，今日尚無可說。唯以中國
固有之權，遷移蹉跎，迄於今日始言收回，吾人復何敢言功？此後
尚冀諸領袖仍隨時督促云。

又經過幾個月的細節談判，1927年年初，臨時法院成立。再過3
年，南京政府與各國簽訂〈關於上海公共租界內中國法院之協定〉，
至此，遷延近20年的收回會審公廨之交涉，終告完滿結束。

三、大上海的新市政

淞滬商埠督辦公署在5月4日成立後，由於各處、科長尚未完全委
任，故沒有立即辦公。在其後的一個禮拜裡，督署的各主管，相繼由
丁文江物色出合適人選，如總務處長溫應星，財政處長崔季友，工務
處長程文勛，衛生局副局長胡鴻基，都是一時之選。丁文江用人的標
準是：人事公開、考試錄用、量才使用、不講關係。據胡適回憶，他
剛接受淞滬總辦之職時，每天都接到不少的薦書，他叫助手把這些薦
信都分類歸檔，他就職後，需要用某項人時，寫信通知有薦信的人定
期來受考試，考試及格了，他都雇傭；不及格的，一概不用，也一一
通知他們的原薦人。

胡適這裡所說的考試，於7月4日舉行。當然在此之前，就已經公佈了應考人員範圍和〈考試章程〉。這次被考的職員，包括：（1）公署內各處各科長以下，至書記止，不問已發及未發委任狀者，均須考試；（2）江蘇滬海道尹公署兼管滬北工巡捐局舊有人員；（3）閘北市議會推薦之閘北市公所舊有辦事員；（4）各方面新薦來之人員。〈考試章程〉共八條：第一條，公署各處科員以次職員，除特定者外，依本章程甄撥考試錄用之；第二條，應試人員資格；第三條，甄撥考試分筆試、口試兩種；第四條，筆試科目；第五條，應甄撥考試者，須於試驗日前二日向本公署報名並填就報名單；第六條，凡兼試外國文字而成績良好，應儘先錄用；第七條，考試及格人員，由公署依次錄用；第八條，各職員俸給依照附表酌定。此外，丁文江還發表文告說，所有公署各處科員，要定期考試。也就是說，考試用人的制度要常態化。在軍閥橫行的1920年代，丁文江能厲行這種制度，我們實在不能不佩服他在行政用人方面的超前性。

5月12日，督辦公署開始辦公，下午丁文江主持召開第一次行政會議，商討施政方面的具體問題。其實，丁文江心中早有成算，他在前一天對記者發表談話時，就頗為全面的道出了自己的計畫：第一步是接收閘北工巡捐局。第二步是進行全部計畫，因淞滬東西南北四區尚無詳細、準確之全圖，故需先將四區地域重加測量，繪成一完全地圖；然後按圖規劃，擬一計畫書，邀請市政專家，詳加研究，該計畫書經過研究後，即行公佈，請各界批評。其餘較小易行事件，如蘇州河之添架橋梁、環租借閘北、南市之建築馬路等等，與大體計畫上無甚關係，盡可隨時進行，總之在十月八月以內，總會做出成績。丁文

江把繪製商埠全圖的任務，交給工程處長程文勳辦理，並責令儘快繪成。這位程處長也確係能吏，不到一個月的時間，〈淞滬商埠全圖〉便出版了。

5月21日上午，丁文江親自到閘北民立路接收滬北工巡捐局。自此，工巡捐局名義取消，嗣後一切行政，均用淞滬商埠督辦公署名義。次日下午，丁文江又親赴該局，傳見前局各科科長暨辦事人員，希望他們照常供職。

傅斯年曾經說，丁文江在短短的幾個月裏，「除了好些積弊」。除了哪些積弊呢？傅斯年沒有說，筆者查了一些資料，做了初步的梳理。丁文江的除弊、興利工作主要有：整理幣制，厲行文官考試，解決關稅釐金，承認工會，改革教育，整頓蘇州河，改良水電，整頓捐務，與各方會商解決工潮辦法，追查劣豪，派人勘修吳淞馬路，調查慈善機關，注意房捐收入，整理官產，調查小麥漲價問題，解決軍警與教會衝突事件，調查外人越界築路問題等等。當然，這裏所列，不及他全部工作的十分之一。

丁文江在除弊方面決心最大、厲行最嚴的是禁煙問題。1926年5月23日晚，丁文江在中華國民拒毒會發表演講說：「拒毒之入手方法，當以調查毒況，據實宣佈，以促國人注意，使知其流毒與政治經濟各方面，均有莫大之關係，速起共圖解決之方，至於吾人從事禁煙者，得知實況，始能釐定有效之禁絕辦法。……現在鴉片遍於全國，原因至為複雜，而政治糾紛，實其主因；望國內優秀分子，共起解決，使政治漸入軌道，而禁煙亦自有辦法矣……」6月18日，丁文江偕同員警廳長嚴春陽一道，「訊追麻醉品」。當然，由於丁文江任職時

間較短，加之，上海的各種關係盤根錯節，他的禁煙工作並未取得顯著成效。

丁文江在興利方面成效最顯著、也最為人樂道的是他對公用衛生事業的改良。1926年夏天，上海霍亂流行，市民因飲水不潔及夜間露宿，傳染很廣，死亡極多。6月下旬，丁文江偕同協和醫學校的蘭特生博士先後視察了公立上海醫院、南市自來水廠、中華路上海市衛生實驗所。7月，又派人查看閘北水電公司自來水池。據報，水池不但發黑，且有臭。丁文江當即責令該水電公司在兩星期內設法改良，以重衛生，否則予以取締。他又採納專家的建議，對飲用水採用氯氣消毒法，購置消毒機器，對自來水施行消毒。為統一上海的衛生行政，他於7月初便與員警廳長嚴春陽等討論並初步擬定〈淞滬衛生局組織大綱〉，8月3日，丁文江委任嚴春陽為衛生局局長。在一系列得力措施下，上海的霍亂基本得到遏制。

擔任總辦的丁文江，可以說是格外繁忙，每天有公文二、三十件，私信二、三十封，此外還有商埠的計畫，大部分都需他親自料理，會審公堂的案子，常常開會，晚間幾乎天天有應酬。此外，他還要頻頻地去南京向孫傳芳請示彙報……據他身邊的人回憶：他很匆忙，早餐時看報紙，司機在門口已升火待發。

儘管忙，但丁文江幹勁十足，他很自信：只要幹上三五年，市政建設肯定會有大的改良。因此6月份，他就把家從天津遷來上海，住進極司非爾路的一套洋房裏。所謂「搬家窮」，因搬家一項，丁文江就虧空了四千元。此外，由於親戚來謀職、求幫忙人太多，丁文江又不想用人唯親，只有靠給錢來打發。用他自己的話說，就是「不用私

人就得養他！」而他一上任，就公開表
示：「我敢說我對於淞滬市政，沒有絲
毫私人利害夾在裏面……我來擔任這個
職務，絕不想因此弄一筆錢，買一所房
子享清閒福氣。」由於這多重原因，導
致了他在上海的經濟狀況很窘迫，他甚
至打電報給胡適，請胡幫助催討英國庚
款委員的津貼。

　　窮也不怕，丁文江也能克服，更不
會影響他改良市政的決心與作法，讓他
幹不下去的是日益激烈的戰局。丁文江
剛上任1個多月，國民革命軍就在廣州
誓師北伐，而孫傳芳就是革命的對象之
一。孫傳芳最初的態度是：人不犯我，
我不犯人，保境安民，維護東南五省和
平。但北伐軍一出師，就勢如破竹，兩
三個月後，孫傳芳在日益不利的軍事形
勢面前面臨抉擇：要麼歸順廣東革命政
府，要麼被消滅。第一個選擇，孫傳芳
根本做不到，那就只有負隅頑抗一條路
了。九、十月間，南方戰事吃緊，孫傳
芳也積極備戰。為此，10月19日，淞滬
商埠公署由龍華遷往公共租界威海衛路

1926年10月的丁文江

五號辦公，該署房屋已作十三團司令部。事實上，從此刻開始，丁文江的改良市政的大計畫就很難進行了。11月18日，孫傳芳改名化妝，乘普通客車由南京赴天津，央請張作霖出兵南下。孫建議組織討赤軍統帥辦事處，推張為全國討赤總司令。後，又電令津浦路沿線駐軍後撤，由張宗昌之魯軍佈防。30日，孫傳芳等擁戴張作霖為安國軍總司令。

那麼，丁文江是什麼政治態度呢？首先，不迷信「反赤」，更不認同、不佩服國民黨的急進政策，他對國民黨在上海的「造謠式的宣傳，無意識的暴動」，很是反感，他甚至預料，即便北伐軍「能將孫打倒，內部必有問題，而且恐怕要為土匪式的奉軍，來造機會」，丁文江最擔心的是奉軍能再得逞。儘管北伐軍節節勝利，但丁文江對其政治前途並不看好，他對胡適說：「我所檢查的信很多，其中（國民黨）最重要的主張，是學生應該『少讀書，多做事』！你想這班青年，就是握了政權，有多大的希望呢？」基於此，他起初對孫傳芳是同情的，是願意繼續合作的。甚至到11月28日，他還是這樣的態度：「我們處中國目前環境，真要立定了腳跟，咬緊了牙齒，認真做事，認真做人。」其時，孫傳芳已經密晤張作霖，只不過孫並未向丁文江通報，他還不知道而已。後人在評述丁文江的這段從政經歷的時候，往往因為他曾與軍閥合作而多所批評。但我們必需公正地承認，丁文江從來沒有中飽私囊、更沒有殘民以逞。在當時各派軍閥中，丁文江最痛恨的就是奉系，因為他對奉系了解最多。因此，當他得知孫傳芳要與奉系聯手時，就意味著，他與孫傳芳的合作也到頭了。當然，請辭前，他對孫傳芳還有一番勸說，時間是12月10日夜，丁文江的核心

意思是説：「與二張妥協，政治上站不住。」但孫傳芳也極為堅決：
「那就管不得許多了。」那麼，丁文江就只有辭職一條路可走了。

　　12月12日清晨，丁文江由杭州乘專列返抵上海。在回寓途中，
因睡眼朦朧的司機開車不慎，撞到路燈柱上，前窗玻璃粉碎。當時車
內有柳箱、皮箱等行李，丁文江頭部恰撞在柳箱上，當時流血甚多，
不省人事，當即送往仁濟醫院醫治，後轉至紅十字醫院。後經醫生檢
查，丁之受傷，共三處：額部、鼻樑、唇齒；其中，鼻樑骨折，傷勢
最重，當晚由上海名醫牛惠林施行接攏手術。當日，丁文江即囑致電
孫傳芳，請辭。當孫傳芳探知丁文江是真受傷時，知道已不可挽留，
也就允准了。這樣，丁文江的「淞滬商埠督辦公署總辦」一職，也就
成了歷史名詞，他改良上海市政的雄心壯志，也付之東流。

　　後來，丁文江在總結這次「出山」的經歷時說：「當革命的時
代，如我這種人實在不適用。我不大很會説謊話，而且疾惡過嚴，又
好管閒事。行政方面我的自信頗有能力，在上海的實驗，尤足以堅我
自信，但是目前不是建設的時代，不妨留以有待。」後來，丁文江又
曾自嘲地説自己是「治世之能臣，亂世之飯桶。」確實如此。丁文江
這次從政生涯的最大的悲哀，是他在一個不合適的時間，找了一個不
合適的地點，做了一次未竟的嘗試。

（在大連）與在君談了數小時，我沒有感覺到他作了一任大官的味道，也沒有感覺到他有任何失意的氣象。他仍是我在天津與他初見面的那個樣子；想法子幫忙我完成旅行調查的計畫；替我寫了好些介紹信。

——李濟

一、清貧又寂寞

1927年初，丁文江揣著兩袖清風，白上海黯然北返，來到北京。這與他舉家南遷，才只半年。其時，正是人生最低谷的時候：南方的北伐軍和新政府揚言要通緝他，人身安全已受到威脅；此外，由於沒有了「工作」，少了穩定的收入，生活極為窘迫。而當時所有的人都知道，淞滬總辦乃是「一人之下、萬人之上」的大官，是很容易弄錢

丁文江圖傳

斯文赫定

一代名媛史濟瀛

的。但一生最痛恨貪污的丁文江卻「出山潔似在山日」，並沒有發橫財；相反，作總辦時積攢下的三千元薪水也被他大家族的人拿走了—就是在人生黯淡、經濟拮据的狀況下，家族的拖累也絲毫未減。因此，當他聽到遭通緝的傳聞，並不多麼害怕，「最怕的是我兄弟的產業發生危險。因為如成事實，他們一定要向我討飯吃，我更不能生活。」所幸，丁家的產業未遭危險。

因為北京沒有房產，丁文江和丁夫人就暫時住在德國飯店的兩間房子裏，而出門只有一輛破東洋車。當時一家的開銷，主要靠丁文江擔任的中華教育文化基金會董事的津貼。這年的6月9號，他把自己的研究計畫寫信告訴胡適，又堅決地表示：「大連我是決不肯去的。一來沒有圖書館，二來有許多無聊的人在那邊，不願與他們為伍。況且我現在計畫於我個人的安全比到大連一樣。」但一個多月後，他卻住在大連了—原因是，「日本太貴了」，住不起。在大連，他住的是月租50元的房子，應酬也

少，個人嗜好除了吸呂宋煙外，能省的都省了，這樣算下來，每月200元足用。他對朋友說，這是「救貧之法」。

　　丁文江的窘狀，也牽動著朋友的心。老朋友任鴻雋希望他就任北京圖書館館長，丁文江起初也答應了，但後來又表示「對於此種事沒有多大的興味」；而北京大學地質系則希望他去北大講授「中國西南地質」，丁文江也拒絕了：「什麼西南地質西北地質的一大套。地質是整個的，縱然各地稍有不同，也沒有另設專課的必要。要是這樣的開設起來，你們的學生有多少時間才夠分配?我根本不贊成這種辦法，我是不能去教的！」有外國朋友介紹他去加拿大教書，他因不感興趣也謝絕了。丁文江就是這樣的人，就是在失業的窘境裏，也不願違背自己的學術理念，而單為「稻粱謀」。也就在這期間，產生了一個楊樹誠贈送丁文江五千元錢的動人故事──這故事簡直成了最能體現丁文江清廉狷介、楊樹誠感恩圖報的一段佳話，被廣為流傳了80年，至今還在被傳頌著。

　　故事的發生是這樣的：楊樹誠──一個曾經得到丁文江恩惠的人，知道了丁文江的狀況後，就通過丁的學生劉季辰給丁文江寫信，希望丁能允許他致贈五千元，以渡難關：

　　現在我大有錢了，麵粉事業很發達。想不是你不能有今天，又曉得你很窮苦。一到北京，就想寄五千塊錢給你。但是曉得你的脾氣，恐怕你不受，而且誤會。我這是完全出於我感謝你的誠意，況且我現在不在乎這幾個錢，所以先寫信，求你同意。望你務必許我把錢寄來。

　　這實在太令丁文江感動了──一方面，感激楊某知恩圖報、雪中

送炭，更賞識他能深知自己不苟受的風格，便同意接納這筆錢，但表示：待日後寬裕時，再奉還。這本是私人間的授受，但不知什麼原因，卻很快地傳播開來；胡適還專門為此事函詢丁文江。丁文江就詳細追述了他如何介紹楊樹誠在中興公司承包打鑽工程，楊某如何發跡等情節，但贈款的事發生後不久，丁文江便知道這五千元並非由楊一人所饋，且贈款背後的隱曲並不單純，故而深感痛苦；自此，他便不願再提起這件事。

1936年丁文江逝世後，所謂楊樹誠慨贈丁文江五千元的義舉，又被書之於文，廣為宣揚。丁文濤、翁文灝的悼念文章都曾表彰過楊氏義舉。但是，知曉這件事內幕的一位胡振興先生在看到以上記述後，便寫文章對「五千元」做出更正：

……據聞這五千元的總額中有二千元是從前丁先生地質研究所的學生趙鑒衡（名汝鈞）君湊送的。這個原因，並不是楊樹誠君不肯獨任五千元的數目，因為趙君既和丁先生有師生關係，而平時又畏憚於丁先生高潔，不敢馬馬虎虎隨便饋致金錢，他獲得這個機會，不讓楊君獨擅其美，所以堅決地要求由他搭贈二千元，名義上仍推楊君單獨贈貽。

胡振興在這裏說得吞吞吐吐，欲言又止。果然，楊樹誠在北平看到這篇文章後，頗為憤怒。但胡振興卻在給胡適的信裏做了注解：

其實此一段故事大部分為卑鄙之友情所束縛，瞞著良心說話，不意竟猶逢彼之怒，怏怏不滿……丁先生生前對此一款之饋貽，事後頗感痛苦，最好能隱諱不談，庶免丁先生在天之靈重感不安。

為此，胡振興建議胡適：不管楊樹誠如何陳說，「最好不作公開

發表，藉免此故事之真相愈演愈露，反損其美。」

與此同時，翁文灝也專門寫信給他的學生劉季辰，追查此事真相。劉季辰報告乃師：1927年，當楊樹誠得知丁文江經濟艱窘時，便向劉提出要資助丁文江五千元，並要劉寫信給丁。但劉季辰以楊係粗人，「言而無信視如常事」，不以為意。但楊又催促多次，劉季辰奈不過，便向楊切實質詢：是否確有誠意？劉季辰最擔心楊「只為說好聽話」，而自己不能在老師面前失信。在得到楊「指天誓日」般的誠意後，劉便寫信給丁文江，「力陳係出自楊君自動樂助」。丁文江覆信劉，表示願意接受，但作為楊君借款，容後寬裕時當籌還。劉接信後，即寫信給楊，請速匯款，但卻遲遲未得答覆。劉季辰唯恐在老師面前失信，無以為人，便給與楊同在一處的同學趙汝鈞寫信，說明經過，並請趙代詢究竟。劉季辰的打算是，假如楊自食前言，即由自己出資二千，再由趙汝鈞擔負三千，湊成五千之數，仍用楊名義撥付，以維信用。但趙覆信說，款已寄出，但未提及其中有自己二千元。直至楊、趙決裂後，趙汝鈞才將實情相告：「當楊匯款時，聲言在師係汝先生，汝應分擔洋二千元，伊只允從。」後來，趙也將實情向丁文江說明。劉季辰考慮到趙汝鈞並不圖在丁文江身後「得此名譽」，而丁文江「在天之靈亦絕不願翻此一段公案」，故對此事一向不願多說。

翁文灝得到劉季辰的覆信後，就把劉的信抄寄胡適，並告胡：「楊冒人之款，居之不疑」，殊為可歎，不宜過於頌揚。

這樣，這椿「義舉」的真相，終於揭開了蓋子。不過，既然丁文江的朋友、學生及其他知情人出於種種考量，都不願再將此事真相澄

清，這件事也就只能按發表的版本流傳了。最近，筆者發現了已在檔案館裏沉睡了半個多世紀的劉季辰給翁文灝的信，也才明白了這則美麗故事的底蘊，原來又是一件皇帝的新衣。

當然，這段「佳話」在最近幾十年的流傳及真相澄清，都是後話了。

在大連的歲月裏，丁文江不僅清貧，而且寂寞。他在給胡適的信中，多次慨歎：「在此間真是寂寞極了，大連有二十萬中國人，可以談談的莫有一個！」1928年1月22日，是丁卯年除夕，丁文江一天沒有休息，一直忙到深夜，總算把宣威的19個剖面圖畫完了。忙、累了一天的丁文江獨坐燈下，聽著窗外的爆竹聲，百無聊賴，感慨萬端，只有給老友胡適寫信，訴說心曲。

這種「太無味」的生活又持續了3個月，丁文江便又舉家遷回北京。回北京後，就暫時住在李四光寓所。他在給胡適的信裏，述說著近況和打算：

我到北京來了，身體大有益處，失眠的病居然完全好了。為工作方便計，我仍想住在北京。叔永勸我就圖書館的事，說不必再佔一研究員的額子。但是決定研究員的會在前，決定圖書館的會在後，假使我取消研究員的要求，而圖書館的事在大會通不過，豈非兩面脫空？又時勢如此，我看北方根本要變動。到那時候，我是否能安然住在北京，也是問題。請你替我打聽打聽，計畫〔劃〕計畫〔劃〕。據厚生同百里說，蔡先生所說的通緝的事，並未成為事實，你能不能向蔡一探。我極不願意離開北京，因日本太貴，大連太無味也。

　　內人到了京後身體已亦見好。七月初預備回連過夏，過夏後再回京。

二、「絕不悲觀」

　　在政治上受挫的丁文江，飽嘗著清貧與寂寞，但他沒有悲觀，沒有失意，更沒有一蹶不振。1927年上半年，他曾經這樣總結自己半年多的從政生涯：「當革命的時代，如我這種人實在不適用。我不大很會說謊話，而且疾惡過嚴，又好管閒事。行政方面我自信頗有能力，在上海的實驗，尤足以堅我的自信，但是目前不是建設的時代，不妨留以有待。」面對鼎革後的政治局勢，丁文江仍舊不悲觀；他認為，大亂方始，豈是一時可了？「但只要我們努力，不要墮落，總不要緊。」而且，他還多次向朋友表示：待科學心願了去了，依然向政治上努力，絕不悲觀，絕不怕難，──也絕不怕死。所以，從上海北返後，丁文江並沒有忘情政治。他密切關注著局勢的發展，政治話題依然是友朋間談論的熱門主題。不過，自此以後，實際上丁文江基本上沒有摻入實際政治。

　　大連在日本的勢力範圍之內，在丁文江蝸居於此的日子裏，深切感受了日本在這裏乃至整個東三省的勢力及野心。他在胡適的信中說：「日本在東三省及內蒙的野心，真正可怕。我向來不留心東三省的事，這一次來，方才注意。」從此，他開始關注中日關係問題。1928年「濟南慘案」發生後，丁文江用北洋政府外交部的密電碼打給孫傳芳一個電報，勸他在內爭中要以國家的立場為重，不要再跟著張宗昌胡幹。此電為奉系查出，幾乎給羅文幹惹大禍。丁文江也就從北京逃走了。

丁文江圖傳

張元濟

李濟

不僅在政治方面沒有悲觀和失意感，丁文江對朋友、對事業也一如既往；朋友的事，他仍舊熱誠、細心地關心著。他從報上得知張元濟被匪徒綁架後，就立即飛函慰問；范源濂死後，他就運作讓翁文灝遞補范氏中基會董事之缺；他自己要辭去中基會董事一職，就推薦胡適自代；他請胡適安慰因敷衍無知之人而飽受痛苦的翁文灝，並不止一次地督促胡適儘快把《哲學史》完成；李濟到外地作調查，他就幫助寫介紹信……

在大連的日子裏，丁文江除了偶爾應礦廠主的要求給人家看看礦外，很少外出，也少有人來。據現有資料，我們知道，朋友中前來探望的，僅有劉厚生、沈昆三、董顯光、李濟等數人。他把主要精力都放在了學術研究上了。

三、完成科學心願

還是在醫院療傷的時候，丁文江就打算在完全卸任後做兩件事：整理雲南地質報告，讀書。躺在病床上的丁文

江，回想最近五、六年來，因忙於做買賣、談政治，乃至幹政治，而自己的地質專業反幾近荒疏。特別是，自己曾歷盡千辛萬苦，在雲南做過深入的地質調查，然報告卻至今未曾系統整理——未免令人於心不甘，恰如他在給朋友的信中所說：「我在地質學上不無貢獻，而始終未能專心把我的貢獻寫了出來。如果個人一時死了，從前的許多心血都是枉用，未免可惜。」而今，動極思靜，也該把這項工作做個了結了。關於讀書的計畫，他的老朋友、著名銀行家徐新六曾建議他多讀經濟學書：舉凡亞當斯密、馬克思、克魯泡特金的理論，以及財政、幣制、賦稅、人口各種應用問題，均須加以研究。這也頗得丁文江首肯。

在北京的半年時間裏，丁文江除了總結半年來幹政的經驗教訓，還給自己訂下了龐大的研究計畫：整理科學報告，寫一部新的中國史，寫一本《科學與政治》；待第一個計畫完成後，即去日本完成第二、三個計畫。主意一定，

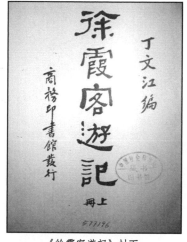

《徐霞客遊記》封面

丁文江圖傳

《徐霞客遊記》卷首為
吳儁摹「霞客先生遺像」

他就摒除一切，一頭紮進地質調查所整理標本，專心做雲南地質報告，「居然很有成績，精神上也非常愉快。」到了大連，亦復如是，「六點起床，九點睡覺，工作極好」。他又過起學者的生活來了。

除了整理地質報告，丁文江還最終完成了《徐霞客年譜》的編纂工作，並將《徐霞客遊記》加以標點重印。丁文江最早知道徐霞客，是1911年第一次去雲南遊歷的時候。在昆明，葉浩吾曾對他說：「你是學地質的，又好遊歷，應該讀《徐霞客遊記》；況且徐霞客又是你的同鄉，表彰鄉賢，也是責無旁貸的。」於是丁文江便在昆明的書坊裏到處搜購這本書，卻沒買到；直到第二年在上海教書，才買得圖書集成公司印行的一種鉛字本，只因教課繁忙，也無暇研讀。1914年，丁文江再度入滇時，就把《徐霞客遊記》隨身攜帶，「倦甚則取遊記讀之，並證以所見聞；始驚歎先生精力之富、觀察之精、記載之詳且實。」又考慮到輿地之學，無地圖則不

明了；何況徐霞客一代奇才，足跡遍海內，後人卻因無圖可考，很難領悟徐氏心得之所在。因此，發願為《徐霞客遊記》搜集新圖、分製專幅，使讀者可以按圖證書、無盲人瞎馬之感。而當時地質調查所收藏的地圖不多，「不足以證全書」；而丁文江也因忙於他務，不得全力以赴，只是在1921年的夏天為《遊記》製一總圖，並在北京文友會中作一英文演講，略述徐霞客的生平而已。

當時胡適正做《章實齋年譜》，並大闡其年譜理論。受其啟發，丁文江便意欲為徐霞客作年譜。丁文江的這一設想，得到鄭偉三、羅振玉、梁啟超、張元濟等人在資料方面的大力支持，乃發憤兩個月，成數萬言。丁文江本擬印行單行本，但胡適卻認為宜與《遊記》同印，才足以互為考證。其時沈松泉整理的《徐霞客遊記》剛好出版，該書雖用新式符號標點全書，但也無插圖，其缺點與舊本相同。有鑒於此，丁文江就搜集地質調查所所藏各省舊圖，並請友人、學生幫忙留意。於是，朱庭祐、葉良輔、譚錫疇、李濟、謝家榮、王竹泉、劉季辰紛紛奉獻各地詳圖。又有聞齊、趙志新為之按卷編纂，共得圖36幅。這項工作自1923年起，至1926年冬結束，歷時4年。標點的工作即由丁文江、聞齊、趙志新、方壯猷四人分擔，校對則由丁文江、趙志新、馮景蘭、史濟瀛完成。

丁文江重印的《徐霞客遊記》以葉景葵嘉慶初刻本為校勘底本，因「葉本為諸本之宗，且係據乾隆年先生族孫徐鎮初刻之本，而參以楊名時、陳泓各家精抄之本，其價值實遠在諸抄本之上。」 該重印本共20卷：「十冊下併入十冊上為一卷（舊印本皆分十冊，每冊復分上下），而另以外編補編及《晴山堂帖》諸本所未刻者為第二十卷：

分詩文、題贈、書牘、傳志、家祠叢刻、舊序、校勘、〈盤江考〉、〈江源考〉諸文，亦編入詩文，以便檢查，非故為異同也。」

當所有的編譜、配圖、標點、校對工作完成後，丁文江於1927年7月7日作了一篇〈重印《徐霞客遊記》及新著年譜序〉。在序文最後，丁文江再次高度評價徐霞客，並大發感慨：

……所足述者，乃先生所處之時世。當明之末，學者病世儒之陋，捨章句而求實學，故顧亭林、王船山、黃梨洲輩，奮然興起，各自成家，遂開有清樸學之門。然霞客先生，生於顧、黃、王諸公之前，而其工作之忠勤、求知之真摯，殆有過之無不及焉。然則先生者，其為樸學之真祖歟？又先生生於明季，遊滇之時，天下已亂。觀其小記諸則，述當日政事甚詳，知先生非不關心時局者。乃求知之念專，則盜賊不足畏，蠻夷不能阻，政亂不能動；獨往孤行，死而後已。今天下之亂，不及明季，學術之衰，乃復過之。而青年之士，不知自奮，徒藉口世亂，甘自暴棄；觀先生之風，其亦可以自愧也乎！

丁著《年譜》並新編《遊記》，備得方家讚譽。方豪說：「《徐霞客遊記》雖蹤跡限於國內，唯其書之價值，亦至巨且大，然三百年來，僅三五人為輯刻行世而已。起而作較詳細之研究者，殆莫先於丁文江先生。微先生之功，吾人今日恐仍舊只能手一卷蠅頭細字之舊刻本，或並此亦不可求，遑論其他，丁先生之功不可泯也。」翁文灝說：「丁文江所著年譜，詳考地方誌書，訂正時地，並查各種地圖，正誤表異。對於盤水分合及長江源流尤多指正。對於灰岩、潛水、火山、浮石等亦分別窮流探源，明白考定。誠年譜中之具有學術價值

者。」黃汲清說：「丁本（《徐霞客遊記》）有幾大特點：第一，丁氏
著有《年譜》，對霞客身世考證的很詳細；第二，原書用古文寫成，
沒有標點符號，青年讀者閱讀感到困難，丁氏增加了句讀圈點，單是
這一點就花費了很多精力；第三，也是最重要的一點，丁氏按霞客原
書的具體內容，獨創性地增加了很多圖幅，讀者一邊讀書，一邊看
圖，對霞客的行程路線和地學成果，一目了然。」

第十六章

重又拿起錘子上山

丁先生做事十分系統化，在調查地質的時候尤然。每次出去一定有筆記，有時除地質記錄外還有日記，標本登記，氣象和經緯度測定紀錄等。

——黃汲清

一、廣西之行──打通大西南

丁文江在蝸居時，一直想謀求一個合適的職位；一則可發揮自己的專長，更重要的，是生計問題已成燃眉之急。為此，他曾和朋友計議：設法謀一個中基會即將要設立的「研究員職位」。不過，丁文江的朋友，中基會董事顧臨卻認為，研究員的數額太少，應該留給資望淺、年紀輕的人，方不失設研究員的本意。因此不主張丁文江任研究員而就圖書館長一職。正當丁文江忙著為「下一步做什麼」打算的時候，一個理想

1929年，新生代
研究室成立，步達生任主任。

楊鍾健著《新眼界》

的、臨時的工作機會來了──鐵道部邀請
他到廣西從事新路沿線的地質勘探和資
源調查工作。

丁文江曾多次自稱是「中國唯一
的『西南通』」，他對西南地形地質的
研究和見解，是當時任何人無法企及
的；請他擔任此事，可謂得人。不過鐵
道部在最初考慮人選的時候，卻有一段
小插曲。當時任部長的是孫科，而丁文
江的老朋友陳伯莊是建設司長，主管新
路計畫與建築工作。陳伯莊認為，計畫
新線除工程上的研測之外，還要研究它
在政治上、軍事上、經濟上的功用和價
值；沿線資源是要敦請專家研究的。而
他早又領教過丁文江對西南地形地質的
偉論，因而向孫科推薦丁文江。不想，
這位孫部長卻厲聲反問：「為什麼推薦
一個反革命的腳色！」陳伯莊説：「建
設要請教技術領袖、高明專家才是。」
最終，孫科勉強採納了陳的建議。丁文
江啟程前，先到南京接洽，孫科乃請他
吃飯；宴席上的丁文江，高談闊論，光
焰奪人，東道主很快為他的滿腹經綸傾

倒，之前的顧慮也立時煙消雲散。

丁文江愉快地踏上了征程。他從上海乘海輪沿東南沿海南下，途經廣州，於1928年7月15日抵達南寧。在南寧，丁文江曾數度與主政者李宗仁、白崇禧晤談，當局者給丁文江的印象是：他們非常熱心廣西的建設。他在給胡適的信中說：「他們第一有建設的決心和誠意，第二有建設的能力。所可惜的缺乏真正技術人才給他們幫忙。我到南寧的時候，本無意工作。因為他們的誠意所感動，才『再為馮婦』。」對李、白個人，丁文江的觀感是：李宗仁比較忠厚，沒有一句假話；白崇禧相當狡黠，沒有一句真話。

丁文江在廣西調查的重點，是中部及北部地方，對這一地區的南丹、河池、馬平、遷江等縣的調查尤為詳細；所到之處，均作地質研究。他利用軍用地形圖，填繪地質，同時採集大量標本化石。他除了考查南丹、河池錫礦和遷江一帶煤田外，特注重地層系統及地質構造，而於馬平石灰岩研究尤詳，他把採集到的大量富含化石的「馬平灰岩」帶回北平，請葛利普鑒定、研究，葛氏就寫了一部專著《中國西南部二疊紀馬平灰岩動物群》。後來，馬平石灰岩馳名中外，全賴丁文江的大力宣傳。

丁文江這次在廣西的調查，不僅「把以前在雲南的觀察也證明了一大部分」，而且又有不少重要的新發現。比如，他對廣西的造山運動提出了新見解。他在廣西東部南寧、武鳴一帶見中泥盆紀的蓮花山砂岩不整合覆蓋於前泥盆紀的龍山系變質地層之上，因而確定加里東期造山運動之存在，故命名為「廣西運動」。他又在河池地區發現水準的二疊系灰岩與直立的泥盆系灰岩之不整合，從而證明海西期造

山運動也存在於桂西北。丁文江的這一發現，得到他的同事、對地理學素有研究的翁文灝的認同，不過翁氏認為「廣西運動」這一稱謂不妥，他是主張造山運動各期名稱宜用山名，不應用省名。

丁文江這次在廣西調查最大的收穫，是他通過實地考查，腦海裏初步形成了一條北起重慶、中經貴州和廣西、南達廣州灣的新鐵路線—「川廣鐵道」的雛形。早在民國初年，當時的政府就擬議修一條自重慶經雲南到欽州的鐵路，並初步擬名為欽渝鐵路。1914年，丁文江到雲南調查，就是要調查假定路線附近的自然資源。調查的結果，他認為這條路不應該經過雲南—唯一的路應在貴州。雲南是一個海拔5000米的高原，而貴州只有2500米；經過貴州，鐵路只要上一半的高山，而且貴州的大定、黔西一帶，是西南幾省唯一的有價值的煤田，比雲南的宣威、東川好得多。假如鐵路一通，這種煤田都可變成西南的富源，並且可以供給長江上游的燃料—因為四川的煤層過薄，煤質太壞，不如貴州。但這都是丁文江初步的想法。通過這次旅行，丁文江為這些想法找到了科學依據。丁文江實測了南寧、貴縣、遷江、河池等地的地形，認為這一帶修築鐵路不但不困難，而且有很多有利條件：由廣州灣到廣西西北部河池的560公里內修路非常容易，而由河池到重慶的距離和由重慶到漢口的距離大致相等。所以，如果在貴州境內能有比之重慶漢口之間更為便利的路線，那對四川來說比之川漢鐵路更合自然形勢。特別的，「川廣鐵道」離出海口最近：重慶距廣州灣1400公里，而距上海1900公里。

丁文江堅信，他設計的「川廣鐵道」，是打通川粵交通的唯一辦法，也是解決西南經濟問題的唯一方法。當時的四川乃西南各省最

富庶的省份，但交通上缺乏近代設備；雖有長江水運之利，但吞吐有限，且有三峽艱險，時常出險，因之運價昂貴。為此，開發四川必須建造鐵路，當時的政府準備修建的是聯結成都和漢口的川漢鐵路。但丁文江認為，這條線路工程難度很大，充其量不過和當前的水道平行。即使建成，因為漢口距海950公里，重慶還未直接通海。至於貴州、雲南、廣西三省，地瘠民貧，人煙稀少，出產不多，交通阻塞，一向為落後之地。而西南幾省經濟問題沒有辦法，於鄰省有絕大的害處──雲貴兩省都不能種棉花，只種鴉片煙，其他農產運不出來，沒法子買棉花用。留著兩省為鴉片煙的發源地，湘粵都要大受其害。因此，丁文江認為，要開發西南幾省，首先要使這幾省有一條鐵路，而且這條鐵路必須是一頭通海，一頭通一個富庶的省份。然在海口未通以前先在該區修內陸鐵路是不能獲利的，是不經濟的；滇越鐵路通車後若干年，仍不能獲利，就是前車之鑒。「川廣鐵道」一端是西南唯一富庶的省份，另一端直達出海口，不但四川豐富的農產品可出口獲利，而且能把沿途落後的貴州、廣西帶動起來。

至於把出海口選擇在廣州灣而不是其他的港口，也是丁文江經過深思熟慮後提出來的。當時廣東可供鐵路出口的海港，有4處：黃埔，中山縣的唐家灣，欽縣的龍門港，廣州灣的西營。單以港水的深淺論，廣州灣是廣東境內最好的海港。此外，丁文江認為，「……黃埔與唐家灣都是在計畫中的新港，若由四川出海的鐵路也以此兩港之一為終點，則路線到了貴縣以後，須沿著西江東行；路程比較貴縣到西營要遠到一倍以上。而且肇慶以上西江的支流很多，橋工繁重，且有許多削壁如羚羊峽等處，必須大量鑿石，頗為困難。肇慶以下到了

西江三角洲，處處遇見窪地，橋工又比較多，所以貴縣到黃埔或唐家灣的工程費比貴縣到西營一定要貴到四五倍，而且使重慶到海港的距離要遠到二百公里以上。黃埔應是粵漢鐵路的終點，是供給湖北、湖南、廣東三省的海港，而且所建議的路線則是供應四川、貴州、廣西三省之用，所以不必要與粵漢鐵路用同一個終點港。至於西營的港將來與黃埔或唐家灣之發展兩不相妨，正如有了上海，不妨再有海州一樣。」儘管廣州灣還在法國手中，但丁文江認為它遲早會收回來的，而且可以指出廣州灣與西南鐵路的關係，引起國民注意，促進收回的成功。

因此，丁文江認定，「川廣鐵道」是開發西南、解決這裏交通和經濟的唯一的經濟路線，「縱然一時不能實行，將來總有用處─後人來了，一切計畫終不能出我這方案之外」。

丁文江的工作興致，非常之好，他本想在此地多工作一段時日；但因初到廣西的時候被馬踢傷了左腿，起初已沒有大礙，但因連續爬山太多，忽然又腫起來，行動不便，於是便將工作暫時收束，買棹東歸了。

三個月的廣西考察，對丁文江來說，可以說是收穫多多、滿載而歸，心情自然是既快樂又興奮。不想樂極生悲，臨行前又發生了一樁小小的變故：當他帶著幾十箱標本、化石在梧州上船時，卻被驗關的官吏攔下，說什麼也不讓這些「寶貝」出關。無論丁文江如何解釋，都不放行，而時距開船只有半小時了。情急之下，丁文江只有向在當地主持鐵道建設的老朋友淩鴻勛告急，等淩氏飛赴碼頭親自向關吏說項、通融後，始得放行。

二、西南地質調查隊

　　11月初，丁文江由廣西到了上海。不用說，此間的老朋友胡適、王文伯、陳光甫等人自然與他有一番邀宴、歡談。一番周旋後，丁文江回到了北平。回平後第一件事，就是找房子。原來，丁文江於這年的4月攜眷遷回北平後，就一直暫住在李四光的家裏。稍後，他到廣西做田野工作，丁太太也回大連度夏；9月丁太太由連回平，仍住在李家。住在朋友家裏，終非長久之計，況且他的大量藏書，也無法排放。經過一段時間的尋找、對比，終於在東城芳嘉園找到一所，於是舉家遷入，在北平算是安定下來了。

　　丁文江安頓下來後的首要工作，是整理廣西的報告。但這一工作進行了不久，就被一件突如其來的事打斷了。1929年1月19日，丁文江的良師益友梁啟超逝世。梁死後，丁文江承擔了為梁編年譜的工作。此後的六、七個月裏，丁文江的主要時間和精力，都投入到年譜的編纂上了，他對朋友說：「……連日為任公年譜事極忙，竟將地質研究放過一邊，甚為憂悶。」

　　但根據與鐵道部的約定，這年秋天，他仍需要到貴州去做地質調查。為這事，陳伯莊在初春時就電邀他到南京商洽有關事宜，但丁文江因時局不好，恐生是非，本不願意去。不過翁文灝卻再三要求他去，說他不去，鐵道部的事沒有結果，於是丁文江就在3月裏有了一次京滬之行。本來，丁文江對貴州之行非常熱心：第一，可以「騙幾個錢吃飯」；第二，把廣西和雲南的工作連接上，而要把此前發現的各種問題完全解決，非要到兩省交界的貴州去不可；第三，他要為他初

1987年，黃汲清、曾世英、李春昱
參加丁文江墓修復典禮。

步設計的川廣鐵道進一步做科學論證。起初，鐵道部請他到貴州去的目的很單純，就是調查新建鐵路沿線的礦產資源。但丁文江通過去年的調查，認為修築川廣鐵道乃當務之急，就向鐵道部鄭重建議：應測勘這條路線。此議得到鐵道部的同意，這樣，丁文江的任務，除原來的調查礦產外，又新增測勘川廣鐵道一項。

這麼一個繁重的任務，就非丁文江一個人所能擔當的了。於是，他就組織一個西南地質調查隊，預定了路線，兵分三路，分頭並進。根據地質調查所與鐵道部的協議，丁文江的旅費（六個月共4800元）由鐵道部出，其餘都由地質調查所供給。地質調查所對這次考察也十分重視，制定了詳細的〈擬定調查辦法大綱〉。

10月8日，丁文將帶領曾世英、李春昱、譚錫疇、王曰倫等大隊人馬，浩浩蕩蕩的從北平出發了。行前自有一番忙亂：購置儀器設備、安置家屬、置辦食物行李等等。10日，他們到了漢口，

21日抵重慶。按計劃，丁文江率曾世英、王曰倫等由渝入黔，而派李春昱、譚錫疇組成另一分隊前往川邊及西康區域。而此前，由趙亞曾、黃汲清二人組成的另一隊，早已越秦嶺入四川工作了半年之久。丁文江在出行前，考慮到西南地區乃我國有名的匪窟，而當時川滇道上又匪警頻傳，就打電報給趙亞曾，叫他到重慶同走。但趙回電説：「西南太平的地方很少。我們一點工作沒有做，就改變路程，將來一定要一步不能出門，所以我決定仍舊冒險前進。」在重慶，丁文江一行給在敘府的黃、趙二人寄來了參考材料，通報了調查路線，並約定了會合的地點。在敘府，黃、趙二人決定分途行進：黃汲清向東南先到雲南鎮雄，然後轉而東到畢節與丁文江會晤，趙亞曾則由敘府入滇東北。沒想到，敘府一別，竟成永訣。

趙亞曾

　　丁文江率領曾世英、王曰倫由重慶經松坎、桐梓向遵義進發，王曰倫的任務是協助丁文江調查地質礦產，曾世英則專門負責地形測量。他們的考察是行

軍式的，不是駐紮式的。丁文江的計畫是，每天前進50里，每日有一定的路線與站頭，絕不因風雨而改變或停止。除個別地點外，沿途只求過夜，不作停留。為了保證考察工作的順利進行，他們做了分工：丁、曾、王及測工孫德霖，每晨進餐後即各攜帶考察工具和午間乾糧出發；另一測工老李擔任事務工作，如宿店結算、照料行李，隨後前進，到達預定宿站後，安排好食宿；這時，丁、曾等人也陸續趕到了。晚飯後，整理筆記，交換考察材料，丁文江不憚煩勞，不時輔導王曰倫。

他們都備有乘騎，但丁文江為了實地考察，隨身攜帶放大鏡、錘子等工具，要不時測地層傾斜、敲岩石標本，基本上都是步行，有人說丁文江是「上山不騎馬，下山馬不騎」。當時的丁文江，髮長背駝，在隊伍中年齡最長，但其吃苦的精神反較青年人為高。丁文江工作又極認真，有一天他做觀音橋到松坎一段的地質剖面圖，因冬天日短，沒有做完，第二天他自己便又回松坎以北繼續工作，圖做完後，才趕到氣鎮溪與大隊會合。而後來為他整理這一段遺稿的黃汲清，特別感到「丁先生做事十分系統化，在調查地質的時候尤然。每次出去一定有筆記，有時除地質記錄外還有日記，標本登記，氣象和經緯度測定紀錄等。」

他們一路上經常遇到土匪，又聽說畢節、威寧一帶土匪很多，這不免讓他們為黃、趙二人擔心。他們走了二十多天，行程六百多里，終於到了遵義。這一路上，他們測有地形圖，定了好幾處的經緯度，地質情況都弄明白了，還採集了三百多斤化石標本。到遵義的當天，丁文江就接到黃汲清的電報，知道他安全到了畢節，但是趙亞曾毫無

消息。打電報到昭通、威寧去問，也沒
得回電。不過丁文江知道昭通與貴州不
能直接通電報，要由四川轉，但一轉就
是十幾天，所以丁文江雖然不放心，但
還是樂觀的。

　　黃汲清約丁文江12月10日左右在
大定相會。丁就從遵義直走大定，而令
曾走黔西大路到大定會，令王走仁懷到
黔西會。丁文江一個人從打鼓新場走白
臘廠的小路，單帶一捲舖蓋，步行了
二百二十里路，四天半走到大定。這時
一條山間的捷徑，路是一百多年沒有修
過，再下了兩個月的雨，泥漿有尺把
深。坡雖不大而很多，二百幾十里，上
下坡總五六十處。丁文江一面走路，一
面工作，身體雖然勞苦，精神卻異常愉
快。等到要到大定的那一天，天氣大晴
起來，四面的大山都可以看見，丁文江
知道，夜間可以測量經緯度了；他又在
離城不遠的地方找到許多美麗的三疊紀
化石─這一切都令他精神奮發，高興得
手舞足蹈。

　　沒想到一到大定，就得噩耗：趙

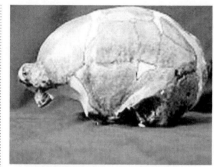

1929年12月2日，裴文中發掘出
北京猿人第一個完整的頭蓋骨。

1929年丁文江在貴州

189

亞曾在雲南昭通被跟蹤他多日的土匪打死了！丁文江得此消息，心上猶如紅炭上澆冷水，精神幾乎錯亂，旋即失聲慟哭；同行的曾世英等人趕來相勸，但不管怎麼勸，就是不能讓丁文江止住悲聲─他幾乎哭了整整一夜。丁文江後來說：「自從我母親死了以後，沒有遇著如此傷心的了。」在以後的幾天裏，他精神頹喪，幾乎不能工作：一整理化石，想到今後沒有如趙亞曾這樣的人來幫他研究，就要痛哭；一看到給趙亞曾預備的雪茄煙（趙也喜歡吸煙，預備著趙來後同吸的），就忍不住流眼淚。過了幾天，黃汲清趕來了。在黃眼中，丁文江像老了十歲，臉上皺紋增多，說話聲音也顯得蒼老。丁一見黃，就淚流滿面，泣不成聲，一直哭泣不止，黃也陪哭。

　　讀者不免納悶：丁文江何以如此傷心？原來，在丁文江的心中，趙亞曾實在是地學界超群的優秀人材：天資高超、工作勤快、研究忠實、品行端正、性情和順；雖沒有留過洋，卻能用流暢的英語來講演，也能看懂德、法文著作；雖三十剛出頭，著作卻很可觀。因此，丁文江之愛惜趙亞曾，遠過於自己的六個親弟兄。此外，還有一個理由更讓丁文江心裏過不去。原來他這次所以要帶上趙、黃、王等地質調查所的一流分子同來，還有一層特殊的用意。近幾年來，他一直覺得地質調查所的工作，在地質方面雖然進步，但地形方面缺點很多。自己對於這門工作，雖是無師之徒，但是比他們高明多了。所以想趁自己沒有衰老、沒有改行以前，選所中最優秀的分子，同走一趟，指示他們工作的方法，補救他們的缺點。他又一向認為中國人太膿包了，過於畏難了。雲貴的路最難走，帶他們來以身作則，磨練一番可以為將來後來人的模範。誰知道功效尚未看見，先斷送了一個最優秀

的人材。這是丁文江萬萬想不到的，因此，他更加懊悔萬分。

趙亞曾的遇害，對丁文江的打擊實在太大了，他在給朋友的信中說，這是平生遭到的最大打擊，「意興遂乃索然」。起初，他打算停下貴州的工作，專門處理趙亞曾的後事。他得到消息後即打電報給雲南王龍雲，請他飭派地方官將趙的遺體運到重慶，而自己則趕往重慶將趙的遺體運回南京；此外，他還準備親向貴陽、重慶的主政者遊說，為趙的遺孤募集撫恤金。

但略作調整後，丁文江又繼續在貴州工作了。他們先是調查了大定一帶的二疊系煤田，然後東行，到了雞康橋，發現大量斷層，但其年代卻不能一時斷定出來。丁文江對黃汲清和王曰倫說，我們三位大地質學家如果在此把地層搞錯了，那將是大笑話！必須不惜任何代價，繼續把它搞清楚！於是他們又返回雞康橋安營紮寨，研究了兩天，知道它們是三疊系的產物，這才拔營繼續前行。丁文江的工作方法，給同行的人留下了極為深刻的印象，黃汲清在他的《回憶錄》中說：

> 關於工作方法問題，丁先生野外工作方法比較嚴密。首先，必須繪製調查路線兩旁的地形圖。因此，在只有一位的地質人員之情況下，地質人員必須兼任地形測量工作。他有一個描圖板（Sketching Board）和一副三腳架。地質人員一路邁步前進，一路數步數，一路把主要河流村莊山形描繪在圖板上。遠山，遠地質體只能有兩點交會法，繪入圖中。另一方面，他必須敲石頭，找化石，量地質要素，並把它們記入圖中。這樣工作迫使地質人員忙得不亦樂乎，連和他人講話都不允許。

他們的下一站是黔西縣。他們來到這裏的時候，正逢趕集之日，看到很多少數民族老鄉，丁文江就找一批老鄉來，進行人種測量。

然後，他們就到了貴陽，受到省主席毛光翔的款待，毛氏還為趙亞曾的遺孤捐贈恤金5000元，很是為丁文江感動。但丁文江不願在貴陽過春節，於是拉起隊伍，於1月24日離貴陽，直奔廣西而走。丁、王（黃留在貴陽，另選一條新路線）等經都勻、獨山、荔波而入廣西南丹縣境，於是貴州工作與去年的廣西工作銜接。他們在黔貴交界一帶展開地層測量和化石採集工作。由於露頭好，剖面佳，採集了成噸的石炭紀和泥盆紀化石標本，特別是下石炭紀尤為豐富，並由此而建立了相當於歐洲的狄南階的中國豐寧系。廣西的工作結束後，他們又折而北返，經平舟、大塘，於3月14日返回貴陽；再由貴陽經遵義、桐梓返重慶。然後，從重慶東下，路過漢口時，他特地拜訪了老朋友王寵佑；5月到了上海，與張元濟、胡適等好友見面後，就乘海輪到天津，從天津回到了北平。

這樣，丁文江就結束了他一生中最後一次大規模地質調查旅行。第二年，丁文江、曾世英聯名發表了〈川廣鐵道路線初勘報告〉。該報告對川廣鐵路的地形資料、建議線路、費用估計、經濟效益以及對西南各省的利益，都進行了充分論證。而在以後的幾十年間，丁文江的理想，陸續變成現實。

當然，丁文江的西南調查，不止在鐵道方面，還涉及地質、古生物、礦產、地理、人種等多種學科。而在這些不同學科，又都各有收穫。其中，他在這次旅行中對少數民族語言學方面的研究與貢獻是一向少為人知的。

三、研究猓猓文

貴州為多民族省份，有漢、苗、布依等49個民族，其中少數民族人口基本上占全省總人口的三分之一左右。在上個世紀的二三十年代，對各民族的分類、命名還不像今天這樣明晰，當時的人一般籠統地稱之為「猓猓」。大定的猓猓，就是彝族。

丁文江在大定得到趙亞曾被害的消息後，真如喪魂落魄一般：既悲痛，又懊喪，連他心愛的地質工作也沒有心緒做下去了。在百無聊賴、無以為遣之際，他就又著手研究當地的猓猓，一面測量他們的體格，一面搜集他們的書籍。第一部搜集到的是《玄通大書》，他立即找人來翻譯。幾經輾轉，終於找到一位彝族「文化人」羅文筆先生，羅先生後來記述了他與丁文江會面的情形：

於去歲陰曆冬月十五夜，民在定邑旅館開夜課講福音，禱告方畢，適逢地質調查部隊長丁君大委員文江大人，鴻恩廣大，愛及蒼生，不存鄙夷之念，特命使者召民至貴寓，試問夷族還有何種書籍?民告之曰，現存者無幾矣。因民家藏古本，只有六種，分為七冊……

羅先生還帶了一本《帝王世紀》給丁文江，通過羅先生的逐字講解，丁文江知道這本書的大部分是講水西安家的歷史。大定原是水西土司的地方─所謂水西是指烏江之西，是明朝最有權力的土司，最後為吳三桂所滅。書從宇宙開闢講起，到吳三桂攻滅水西為止。

聽了這麼一段聞所未聞的故事後，丁文江興奮起來，就與羅文筆先生約定，請他把所藏的七部書全部翻譯出來。翻譯的方法是先抄猓

猓文為第一行，再用注音字母譯音為第二行，然後用漢文逐字對照直譯為第三行，最後一行乃用漢文意譯。羅文筆就按照這種方法，費了三年的功夫，把七部書譯完了，並陸續郵寄給丁文江。這七部書是：《說文》（又名《宇宙源流》）、《帝王世紀》（又名《人類歷史》）、《獻灑經》、《解冤經》上卷、《解冤經》下卷、《天路指明》和《權神經》。

在大定時丁文江又聽説城西南四十里有一塊千歲衢碑，是猓漢文合璧的。就找人去拓，但全縣竟無人會做這種工作。最後有一位書店的主人自告奮勇去嘗試。等到他回來，張張都是反的！原來他只會印書，不會拓碑。丁文江一回到貴陽，就託人找拓工專到大定去拓碑。那知道貴陽拓工很少，又因為在陰曆年底，沒有人再肯出門。最後找到了一位，再三和他商量，允許他先付一半錢做安家費，工錢以外，送他從貴陽到大定往返十天的轎錢，在大定的飯食，紙墨費和鴉片煙，他才勉強答應前往。但拿回拓本一看，每張都是模糊的！因為他本來手段不高，天氣又冷，墨容易凍。他從鴉片鋪上起來，一腳把從貴陽帶去的黑胭脂盆踢翻了。他沒有法子只好攙水。墨又淡又凍，所以結果如此之壞。最後，丁文江只有再從貴陽找拓工去拓，才得到一個清楚的拓本。這份來之不易的碑文拓本主要講一位「葵軒公祖」捐資修路的善舉。

4年後，丁文江已經收到羅文筆先生的全部譯文，他就開始謀劃整理出版這些文獻。在他去世後不到一個月，由丁文江編纂的《爨文叢刻》（甲編），作為中央研究院歷史語言研究所專刊之十一，由商務印書館出版。首丁文江《爨文叢刻·自序》，次目錄，次正文。正

文共11部分：1、千歲衢碑記；2、說文（宇宙源流）；3、帝王世紀（人類歷史）；4、獻灑經；5、解冤經上卷；6、解冤經下卷；7、天路指明；8、權神經；9、夷人做道場用經；10、玄通大書；11、武定羅婺夷占吉凶書。

在這之後，不少言及民族學的專家如凌純聲、董作賓、聞在宥、馬學良等都以此為基礎，作了進一步的研究。他們均對丁文江先生的基礎性工作給予高度評價。恰如馬學良先生所說：「在少數民族語文和民族本身同樣是受歧視和被壓迫的黑暗時代，像丁先生一位著名的科學家，竟然不畏艱險毅然深入彝區，收集整理彝文經典，在那時為保存彝族文化，到今天為發揚彝族文化。如果這部珍貴的文化遺產當時沒有丁先生收集、整理、付印，仍留在彝族唄耄（司祭）手中，即使不毀滅於國民黨大漢族主義同化政策下，也難逃極左主義的摧殘。」

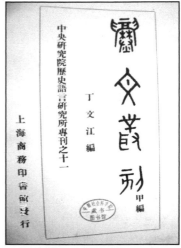

丁文江編纂的《爨文叢刻》（甲編）

《爨文叢刻》目錄

第十七章

「一代真才一世師」

他（丁文江）是一個最好的教授，對學生最熱心，對課程最費工夫，每談起他的學生如何用功，他真覺得眉飛色舞。

——胡適

丁文江是一位傑出的地質教育家。他直接從事地質教育，主要集中在兩段：一是創辦地質研究所（1913～1916年），一是任北大地質系研究教授（1931～1934年）。此外，在北大恢復地質系後，他曾自告奮勇地參與該系的整理、改進工作；而他在任中研院總幹事的時候，又為中央大學地質系的健康發展付出了不少心血。

一、整理北京大學地質系

1916年地質研究所停辦後，丁文江力促北京大學恢復地質學門，以承擔為國家培

養地質專門人才的重任。第二年，北大地質門在停辦4年之後恢復招生。丁文江對恢復後的北大地質門，抱有深厚的期望。他曾對好友胡適說：「你們的地質系是我們地質調查所的青年人才的來源，所以我特別關心。」他深知中國地質教育最缺乏的是古生物學方面的人才，就想方設法把李四光和葛利普請到北大來。這樣，北大地質系就成了中國培養古生物學人才的搖籃。後來，中國古生物學方面的一流專家，如孫雲鑄、趙亞曾、斯行健、黃汲清、張錫褆、樂森璕、朱森、許傑、計榮森等，都出自李、葛二人門下。但李、葛二人的成績越凸顯，就越能體現丁文江的作用。因為如果沒有丁文江，就不會有二人到北大任教。所以葛利普說，北大地質系培養的上述一流學者，「都可以間接說是丁文江培植的」。

1920年，恢復後的北大地質系有了第一批畢業生，他們紛紛到地質調查所去找工作。丁文江親自考試他們：分給每人十種岩石，要他們辨認。結果，沒有一個人及格！他就拿著考試的成績單來找胡適：「我來是想同你商量：我們同去看蔡先生，請他老人家看看這張成績單。我要他知道北大地質系辦得怎樣糟。你想他不會怪我干預北大的事嗎？」胡適說，「蔡先生一定很歡迎你的批評，絕不會怪你。」果然，蔡元培不但不生氣，還虛心地請丁文江提出整頓改良的方法。丁文江逝世後，蔡元培不止一次說過，丁文江整理、改進北大地質系，很有成績。

那麼，丁文江是如何整理北大地質系的呢？由於丁當時在「編制」上還不算「北大人」，所以他的建議和具體工作多不見於當時的文書檔案中，即所謂「文獻無徵」。但通過北大地質系早年歷史的考

察，也可窺得一二。如根據北大地質系早年畢業生的回憶和有關報導，他非常關心北大地質研究會的建設，並在該會演講、與學生交談。1922年，他在給朋友的一封信中，曾提到：「我個人對北大有無窮的希望；近來仍是很不滿意，很想以友誼的態度來忠告忠告。」最重要的，是他把地質研究所的辦學理念、辦學方法如格外重視實地調查等，成功地移植到北大地質系來。1924年年，丁文江在中國地質學會年會的演講中說道：

在國立北京大學地質系中所開設的課程，比起那些外國學院來要好。但有一個很大的缺點，就是完全沒有嚴格的生物學課程。學生們除非加以補修，是難以期望瞭解地史學的基礎原理。

還有，中國學生必須學習一些測量課程，特別是地形測量，這是因為中國境內只有很少地區是測過圖的，而這些地圖往往不適用，這就要求地質工作者來測製自己所需要的地圖。

但，不幾年，這些缺陷在丁文江和北大其他地質學教授的共同努力下，就都不存在了。

二、一代師表

丁文江愛才。凡是他認准的可造之才，他總是想方設法地為他們的進一步深造和研究方向操心。而這種操心，幾乎到了無微不至的程度。他在1919年隨梁啟超訪歐的時候，結識了威斯康辛大學地質系主任利恩，就將謝家榮、朱庭祜、王竹泉等介紹去該系進修。

在美國哥倫比亞大學研究院攻讀採礦專業的劉基磐，與丁文江的學生徐韋曼曾在伊利諾州立大學同學。劉回國前，徐韋曼向他建議：

北平,地質調查所大門

回國後,先向丁先生請教工作方向。劉基磐回國後,即拜訪丁,丁文江對他說:「你是學採礦的,地質科學是重要條件。」這番話啟發了劉基磐,促使他下決心從事地質工作:他先是到北師大擔任地質學教授,後又主持湖南地質調查所十餘年。

1934年,李春昱考取河南省公費赴英國留學。丁文江得知後,就打電報到北平的地質調查所,囑李去上海上船時先到南京見見面。當李春昱如約到南京中研院看丁時,丁文江力勸他改赴德國,理由:一是地質調查所學英語的人比較多,而學德語的人比較少,為著地質調查的前景,應該多學幾種語言;第二個理由是,他1933年在美國召開的第16屆國際地質會議上見著H. Stille,是德國著名構造地質學家,他輔導學生,極其認真,他不同意他的學生在他不能親去指導的地方作學術論文。丁文江似乎是故意激將李春昱:有沒有勇氣學一門新的外語?怕不怕困難? 青年人在長者面前,怎能說沒有勇氣、怕

困難呢？李春昱很爽快地回答：「不怕困難。」不過，有幾個實際問題卻需要解決：第一，河南教育廳初試和教育部的複試派遣留學生名單中都是英國，現在改換留學德國，須得到教育部和教育廳的批准；第二，李的護照簽證是簽的英國入境證，現在要改簽德國入境證；第三，李的用費都已匯到英國，進德國手中無現款。但這些問題在丁文江的眼裏，都不成問題，他回答得也非常乾脆：「這都容易解決。第一個問題，我替你辦理；第二個問題，你到歐洲下船後，先到瑞士去找黃汲清，瑞士是不需要簽入境證的；第三個問題，寫封信給倫敦中國銀行，請他把款轉匯到柏林就可以了。」最後，丁文江又問明白了李春昱乘坐輪船的船名；當李春昱行至新加坡時，就接到丁文江的電報，說教育部已同意改往德國，一切可按原計劃進行。這樣，李春昱便經瑞士進德國直往柏林，徑投Stille處。丁文江又考慮到李春昱初到德國，不免會遇到困難，就另外寫信給中國駐德國公使託他照料。

當青年人做出成績，他是發自內心的高興。1929年，旅居上海的胡適因事回北平，第一天在一個宴會上遇見丁文江，他對胡適講的第一句話是：「你來，你來，我給你介紹趙亞曾！這是我們地質學古生物學新出的一個天才，今年得地質學獎金的！」他高興快樂的神情，連聽的人都為之動容。後來趙亞曾在雲南遇難，丁文江又義無反顧地承擔起撫養遺孤的責任。趙亞曾殉職後，留下二子一女：長子松岩、長女梅岩、次子竹岩，三個孩子都未成人；而趙太太是一家庭婦女。丁文江想盡一切辦法，到處為遺屬徵募撫恤金，在短短的半年之內，就募集到4萬5千元，將其中9千元交給趙家。據竹岩告訴筆者，恤金交給趙家後，趙亞曾的老太爺曾在河北的家鄉買了一些地。至於松岩兄

弟姐妹的教育，是丁文江和他的學生分任的。1930年7月26日，丁文江在給胡適的信中說：「我已經把趙的長子弄到北平來了。他今年十四歲，似乎很聰明，現在已經考取了紅廟師範附屬高小的二年級，明年大約可以進南開。」丁文江對松岩，真如對自己的子侄一般，經常檢查他的功課；夏天去消夏，也把他帶上。後來，松岩要考南開，黃汲清就承擔起補課的責任；再後來，丁文江到南京任中研院總幹事，他又把松岩轉學到南京，以便就近照料。松岩兄弟也不負丁文江等人的栽培，松岩是後來考取了空軍軍官學校，成為國民政府的高級軍官；竹岩則考入北京大學並加入中國共產黨，離休前是衛生部的高級官員。

　　丁文江之愛學生、關心學生，真是非一般老師可比。他在北大地質系任研究教授的時候，有這樣一則佳話。當時地質系設有一個全系第一名的獎學金，獎金為一百銀元。阮維周讀大一時成績是全系第一名，但丁文江認為阮的家境比較好，不太需要這筆錢，高年級有一位學生需要這筆錢，但是成績比阮稍微差一點，希望阮能夠將獎金讓給他。但阮維周表示，這一百塊錢不要沒有關係，但第一名是一種榮譽，不希望名字被換掉。最後丁文江就決定獎金由阮和那位高年級學生平分，一人一半。這位高年級學生就是後來成為著名地質學家的路兆洽，而阮、路二人也成為好朋友。

　　對於不同教育背景的地學界後進，丁文江沒有絲毫門戶之見，他「無論何人都是一律平等看待，量才使用，毫無私心存在」。不論是及門弟子，還是私淑弟子，在科學研究上，丁文江都樂於幫忙。楊鐘健回憶說：「去年（1935年）我們往廣西調查，丁先生也為我們介紹

桂省當局。歸後，因購買上海之骨化
石，丁先生尤為幫忙，如今所購買之化
石尚未開箱整理，而丁先生已物故了，
睹物思人，能不悵然。……去年夏，丁
先生北上至北平，傾談片刻，時我眼疾
新痊，殷殷存問，方期後會方長，聆教
有日，不料竟一病不起，溘然長逝，這
真是出入意料之外的不幸。」

丁文江先生一張在野外的照片

三、北大地質系研究教授

前面所述丁文江對北大地質系的整
理、改進工作，主要是從旁協助，因為
丁文江不是北大人。1930年底，國民政
府任命蔣夢麟為北京大學校長。蔣氏上
臺後，開始對北大進行全面改革。其中
之一，是受中基會資助聘請了包括丁文
江在內的15位「研究教授」。1931年1
月9日，中華教育文化基金董事會在上
海召開第五次常會，主要討論、通過美
國董事顧臨提出的「北大補助案」。該
議案內容是：自1931年起，由中基會提
出國幣20萬元，贈與國立北京大學，以
五年為期，專作設立研究講座及專任教

蔣夢麟

授之用。8月5日，「北大中基會合作研究特別顧問委員會」開第一次會議，通過了聘請15位研究教授的議案。這樣，在「編制」上，丁文江就成了北大的一份子。

在北大，丁文江共承擔一年級「地質學」每週3小時、「地質測量」實習每週一次，四年級「中國礦業」每週2小時。

在學生們的印象中，丁文江是一位非常優秀的教授，「配作教師的模範的！」高振西回憶説：

丁先生不只有作教師的資格，而且能全部的盡了他做教師的責任……他是用盡了他所有的力量去教的。教材部分，絕不肯按照某種或某某數種教科書上所有的即算了事。他要搜集普通的，專門的，不論中外古今，凡有關係之材料，均參考周到，然後再斟酌取捨。所以他上課的時候，拿的不是巨冊大書，而是零星的單篇。他曾說：不常教書的人，教起書來真苦，講一點鐘，要預備三點鐘，有時還不夠！此外他對於標本掛圖等類，都全力羅致。除自己採集繪製外，還要請託中外朋友幫忙，務求完備。當時地質調查所的同事們曾有這樣的笑話：「丁先生到北大教書，我們許多人連禮拜天都不得休息了。我們的標本也教丁先生弄破產了。」足證他教書的「鄭重不苟」！

丁先生是很會講話的，他能利用掌故小說，以及戲曲歌謠一類的故事，加以科學解釋，有許多科學的理論是很乾燥乏味的，聽講的人不只不容易發生興味，且曾被引入睡鄉的。勉強記著了，印象不深，不久就會忘掉的。丁先生最能用極通俗的故事，滑稽的語調，漸漸引人入勝。地質學所講，無非是死石枯骨不順口的名詞同

乾燥的數目字，但是聽丁先生講書的，向來沒有覺著乾枯，個個都是精神奕奕的。

有一次講到河流氾濫的時候，還沒有講，先問學生：你們都聽過打花鼓那段戲的吧？「說鳳陽，道鳳陽，鳳陽真是個好地方，自從出了朱皇帝，十年倒有九年荒！」惹得滿堂大笑。才繼續的講道：鳳陽本是最富庶的地方，洪武初年，黃河改道，將改未改的時候，河水每每氾濫，演出水災，所以十年倒有九年荒。……凡聽過這次講演的人，絕不會忘了洪武初年黃河改道的事實，且能聯想到改道的原因同氾濫的原理。講到基性火成岩的風化情形，他拿一塊標本，說你們看像一個馬蹄印子不像？這俗話叫作「馬蹄石」，說是穆桂英騎的桃花馬踏成的，山西北部，到處都有。然後再予以科學的解釋。地球上水澤平原同山地所占的面積的比例，用數目字表示出來，是何等難記！丁先生講的是，我們江蘇，有一句俗話：「三山六水一分田」。這句俗話上的數字，確是恰與地球整個的數字相同的。這一句俗話而有這樣的重要，學生聽了絕不會忘掉的。丁先生這種「巧於比擬」、「善於解釋」的靈活教書法，不只靠廣泛的知識，而是超眾的天才。

學習地質科學，實地練習，比較學校講書還要重要。丁先生最主張實地練習，常常帶領學生出去，實習的地點同時間，都要經過詳細的考慮同周密的計畫然後才決定的。出去的時候，都要利用假期，絕不輕易耽誤應講授的功課。假期本是可以休息的日子，他不但不休息，還帶領學生作那比平常更苦的旅行工作。凡預定實習的地方，他一定預先自己十分明白，才肯帶學生去的。若果預定的地

方，他不十分熟悉，他要事先去一趟，至少也要派一個助教先去一趟，然後才帶學生去到那裏。旅行的時候，所有吃飯住宿登山休息等，一概與學生完全一致，不稍求優美。不論長期或短期，所有地質旅行應用一切之物件，均必攜帶齊備，服裝必須合適。我們有時候以為一天的短期旅行，可以對付過去，不須大整行裝。丁先生則說固然有些地方可以對付，但是不足為法！帶領學生，必須一切均照規矩，以身作則。不如此，學生不能有徹底的訓練，且有虧我們的職責的！這是丁先生教書的方針。

阮維周回憶說：

使我最難忘的，是丁先生在課堂上講學的神態：他左手持雪茄，右手執粉筆，深邃的目光、坦蕩的風度和極為生動的講詞，他常用幽默的口吻來激發學生研究的興趣，造成一種活潑愉快的學術空氣。有一次他強調火山噴發的溫度，三天后還可以煮熟雞蛋，火山爆發的威力也能使火山灰飛繞地球三周，妙語如珠，真是既透徹又深入，博得學生不少歡呼。每在這種得意的場合，丁先生也不禁猛吸兩口雪茄，放下粉筆，左右開弓的持鬍子。在這種自由講學的空氣中，歡笑共發問俱起，煙灰與粉屑齊飛，本來是頗為枯燥的學科，變成了人人愛好的功課。不僅激發了在學青年的興趣，同時使旁聽的助教也有了終生研究地質的決心。他首倡野外訓練，常率領學生實地工作，指導範圍，不僅親授野外工作方法，並給予學生野外工作服裝與飲食等各方面之指示。先生對地質的討論與解答，善把握重點，扼要精闢，發人深思；對團體組織的處理，則極為科學，而有親切感，眾心悅服；真是一個絕好的青年導師與模範。至

今日，後學者仍以先生之工作方法為
準繩。

　　……地質系的野外調查本來是一
學期一次，丁文江到系後，改為一學
期至少四次，時間短則一天，長則三
天，經費由學校提供……當時主要的
野外地點以北平西山為主，也遠去
南口、青龍橋等地。出野外時什麼
都看，什麼都教，舉凡地質結構、礦
產、地層等，並且也採集標本。野外
調查是包括在普通地質學課程內的，
直到後來才單獨設立學分。

　　丁文江的為師之道，在朋友中也是
有口皆碑。胡適在1934年1月19日《日
記》中記道：

　　在君來吃午飯，談了一點多鐘。
他是一個最好的教授，對學生最熱
心，對課程最費工夫，每談起他的學
生如何用功，他真覺得眉飛色舞。他
對他班上的學生某人天資如何，某人
功力如何，都記得清楚。今天他大考
後抱了二十五本試卷來，就在我的書
桌上挑出三個他最賞識的學生的卷子

阮維周

來，細細的看了，說：「果然！我的賞識不錯，這三個人的分數各得87分。我的題目太難了！」我對他常感覺慚愧。

丁文江對地質系的另一重要貢獻，是他向系主任李四光建議，集資興建了位於松公府的地質館。新地質館由梁思成設計，1934年5月動工，1935年7月竣工。建築式樣為L形，占地791平方公尺；南部為3層，北部除地窖外為2層；除樓板頂及四周大料用鋼筋水泥外，其餘均用磚砌。地質館落成，計花費建築費、設備費等共六萬六千餘元。這筆款子由以下三種方式湊齊：北大與中基會合作特款、北大經常費、李四光與丁文江二教授捐贈薪資。

做為北大教授，丁文江積極參與北大的校務工作。1931年9月，他被當選為北京大學校務會議代表。根據《大學組織法》規定，大學設校務會議，以全體教授、副教授選出之代表若干人、各學院院長、各學系主任及校長組成。這樣，丁文江就參加到北大的管理層中。

1930年代的一張照片，
彙聚了大多數第一流地質學家

丁文江與中外友人的一張合影

10月，他又被北京大學演說辯論會增聘
為國語導師。第二年，他積極參與創辦
北京大學研究院的籌備工作，並被當選
為自然科學部委員。

　　丁文江在北大任研究教授僅三年，
但這三年無論對北大地質系還是對丁氏
本人來說，都是值得大書特書的。丁文
江逝世後，中國地質學會丁文江紀念基
金委員會以丁文江生前曾為北京大學地
質系教授，對於該系異常關心，特規定
每年以一千元為度，補助該系研究院作
為調查研究之用。

1934年步達生逝世後，
新生代研究室的工作由丁文江主持。

丁文江擔任中研院總幹事時，
對中大地質系非常關心

第十八章

「獨立評論」

在未辦《獨立評論》前，我對丁文江沒有深切的認識。但經過《獨立評論》在一起共事後，我開始尊敬他，愛戴他。……在《獨立評論》同寅中，他對國際形勢知道的最透徹。他不僅多才多藝，而且實事求是。

——蔣廷黻

一、「獨立社」和《獨立評論》

1931年的夏天，丁文江是在北戴河度過的。這年的盛夏一到，他就和史久元夫人、丁文治以及史濟瀛小姐來到這裏。來後不久，他又堅邀胡適也來此消夏，於是胡適就帶著長子祖望來同住10天。在炎炎夏日，離開了酷暑難熬的北平，來到這風景宜人的避暑勝地，有家人，有好友，有海灘漫步，有月下談天，有詩歌唱酬—實在是神仙般的人

生大樂。但良辰美景，並沒有使兩位老友完全忘卻塵世之事，他們在閒談中，都曾慮到：在不久的將來，肯定有日本侵略中國的大事件發生。果然，丁文江回到北平後沒幾天，「九一八」事變就爆發了。慘痛的國難，改變了每一個有良知的中國人的生活和思想。

中國人第一要想的，第一要做的，是如何救亡。事變爆發後的最初幾天裏，丁文江與顏惠慶、陶孟和、胡適、陳衡哲、徐淑希等人不斷開會，積極促動太平洋國際學會能討論「中國事件」。10月他與胡適往上海參加太平洋國際學會途中，曾奉蔣介石之召，在南京駐足，對大局有所建言。次年1月，他接受國民政府的聘書，擔任了國難會議會員，頻頻出席有關活動。1月27日，他與胡適、翁文灝設宴招待國難會議的北方熟人，到會的有湯爾和、蔣廷黻、陳博生、傅斯年、周寄梅、任鴻雋、林宰平、李石曾等14人。大家交換意見，都以為這種會議不當限於討論中日問題，但也不應對國民黨取敵對態度。當以非革命的方法求得政治的改善。之後，丁文江還擔任了國防設計委員會委員、全國經濟委員會委員。

丁文江除了參加上述民間救亡活動並與政府合作之外，還經常參加一些在北平的由著名教授參加的討論東北問題的聚會。這些聚會以胡適為中心，經常參加的人有丁文江、翁文灝、周炳琳、蔣廷黻、吳景超、傅斯年、吳憲等，由於聚會頻頻，逐漸形成了「獨立社」。據翁文灝回憶，他們的討論，「對於當時大局，重在喚起人心，共保國土，絕不可輕中日本傳言，半壁自安，放棄北部。對於國家前途，則主張實行民主政治，經濟建設，發揚國力，保國疆圍。對於日本，則以地處近鄰，不宜隔閡，節敘概要以為紹介。」《獨立評論》創刊號

發表的〈引言〉也說：

　　我們八九個朋友在這幾個月之中，常常聚會討論國家和社會的問題，有時候辯論很激烈，有時候議論居然頗一致。我們都不期望有完全一致的主張，只期望各人都根據自己的知識，用公平的態度，來研究中國當前的問題。所以儘管有激烈的辯爭，我們總覺得這種討論是有益的。

　　無疑，中日問題，是「獨立社」成員討論的核心話題。漸漸的，有人，主要是蔣廷黻，提議創辦一份刊物。起初，胡適和丁文江都不是很熱心，因為他們都有辦《努力》週報的經驗，深知辦刊物的不容易。但當蔣廷黻在「獨立社」的某次聚餐會上再提前議時，丁文江倡議：為了測量一下我們的熱誠，不妨先來籌募辦刊物的經費。「辦刊物很容易」，他說，「但能繼續維持下去是困難的，除非我們能夠共同負責。否則，整個重擔就會落到編輯一個人的肩上。」丁文江提議「獨立社」成員每人每月捐助收入的百分之五。如果沒有足

1932年5月22日創刊的《獨立評論》

夠的財政上的支持，可以放棄這個計畫，把捐款發還，如果有人來支持，就可以詳細計畫出版問題。

丁文江的建議被「獨立社」同人採納，開始集資，5個月後，在1932年5月22日，《獨立評論》創刊。其所以以「獨立」命名，是「因為我們都希望永遠保持一點獨立的精神。不依傍任何黨派，不迷信任何成見，用負責任的言論來發表我們各人思考的結果：這是獨立的精神。」

顯然，丁文江是「獨立」小團體的核心人物之一。從《獨立評論》創刊到1936年1月丁文江逝世這4年多時間裏，丁文江在《獨立評論》共發表文章64篇，文章總數僅次於胡適；除了〈漫遊散記〉和〈蘇俄旅行記〉外，時論共24篇。丁文江的政論，涉及中日關係、政治、經濟、軍事、教育等方方面面。

二、「日本是得步進步的」

1932年5月15日，也就是《獨立評論》創刊前一周，日本首相犬養毅遇刺。丁文江立即針對此事，做出分析評論。他在〈犬養被刺與日本政局的前途〉一文中指出：此次事件標誌著日本政治完全露骨的恐怖化，日本的政黨內閣與立憲政治要根本動搖，軍人的法西斯蒂運動不久一定要成功。丁文江分析了自1929年以來，軍人和法西斯主義在日本日益坐大的具體事實，指出日本軍人的主張是：「否認國聯，排斥英美在遠東的勢力，建立東亞門羅主義，對中國徹底的強硬。」而且，「現在這種主張不久要具體化了。」事實是，犬養毅內閣垮臺後，由於軍人的反對，在國會擁有大多數的政友會不能繼續掌握政

權，而組閣的使命反屬於海軍大將齋藤實子爵；而且，由於軍方的作用，新內閣在一個星期後，方始產生，這在日本憲政歷史上是從來所沒有的。所有這些都證明：丁文江在犬養毅遇刺後對日本政局的分析是完全正確的。

5月22日，日本新內閣產生，丁文江於23日作〈日本的新內閣〉一文。文章詳細分析了新內閣產生的過程，再度強調：日本的政變是「日本軍人對於中國政策絕對硬化的結果。」從此以後，日本的政治不會安定。這也是為蘆溝橋事變前的事實證明了的。

丁文江還不止一次地研究過日本的財政，他通過大量的數位分析後，指出：日本自歐戰以後，歲入總是不足，貿易總有入超，前途是很危險的。造成這種狀況的原因有二：世界商業不振；侵略中國。

通過對日本的政治、軍事、經濟等情況的分析，丁文江認為：「日本是得步進步的」；全面的侵華戰爭遲早是要爆發的，中日之間的戰爭是避免不了的。當熱河危急的時候，他多次指出，若熱河不保，平津肯定要失守。他認定：假如日本又輕輕易地佔領了熱河，日本軍閥一定要向長城以南打主意。華北如果不保，中南兩部又豈能偏安？如此則中國全部的滅亡不過是時間問題。因此，他在1933年1月曾主張將靜生生物調查所的重要儀器、標本裝箱保存，以備萬一。到了1935年，伴隨著日本在華北不斷製造事端，丁文江曾於6月8日致函胡適說：「我料想這一次華北一定逃不了。政府這班人都是束手無策，而是你埋怨我，我埋怨你。我很望你們善自設法，不要陷在絕地。到了必要的時候，脫身南來。」在丁文江看來，情況已經萬分危急了。

三、我們該怎麼辦

（1）不唱高調

九一八事變後，在中國，無論朝野，「對日宣戰，收復失地」的呼聲非常強烈。儘管獨立社同人在很多問題上都存在著不同看法，但在「和與戰」問題上卻達到了少有的一致：他們都不主張盲目地對日宣戰。在這一點上，丁文江主張尤為堅決。首先，丁文江認為，「我們沒有宣戰的可能」：

中國號稱養兵二百萬—日本的常備兵不過二十萬！中國的人口比日本要多四五倍；以人數論，當然我們是佔優勢的。但是我們的一師人往往步槍都不齊全，步槍的口徑也不一律。全國所有的機關槍大概不過幾千桿！……重炮，坦克，毒氣和飛機可算等於沒有。所以以武器而論，我們的二百萬兵，抵不上日本的十萬。歐戰和上海的經驗告訴我們，近代的戰爭是最殘酷的，是不限於戰鬥員的。海上和空間完全在日本武力支配之下。沿江沿海的炮臺都是四十年以前的建築，絲毫沒有防止日本海軍的能力……上海事變一發生，南京政府就不能不遷到洛陽。凡日本的海軍和空軍力量所達到的地方當然完全是日本的俎上之肉。所以我們對日宣戰，完全是等於自殺。

作戰不但要兵器，而且要錢。中央的收入，最好的時候不過六萬萬多。其中一半以上是內外債的抵押品。九一八以前，中央所能自由運用的款項每月不到三千萬。上海的事件一發生，中央可以支配的收入一落就落到二百萬！當時凡有靠中央接濟的機關立時等於停頓。軍隊的餉項也就沒有著落。所以一旦正式宣戰，日本佔領上

海，封鎖我們江海港岸，中央的財政
立刻即要破產。

　　其次，丁文江認為，抗日不是單
指收復失地，更重要的是保全未失的國
土；「目前的問題，不是收復失地，是
要保存將失未失，似失非失的地。」當
熱河危急的時候，丁文江極力主張在熱
河給予日寇以切實打擊，並強烈呼籲南
京政府向熱河出兵；在頑強抵抗後縱或
熱河失守，也能使日本軍閥「知道中華
民國的土地是不容易讓與人家的，是要
用金錢和性命來交換的」；更能贏得世
界人的同情和援助。對軍事素有研究的
丁文江甚至為張學良謀劃出抗敵部署：

　　假如我是張學良，要預備積極抵
抗，第一步先把司令部移到張家口，
同時把重要的軍實，北寧路的車輛，
逐次的運到居庸關以北。只留一部分
的軍隊在山海關秦王島灤州天津等
處。在這幾處經過相當的抵抗以後，
也預備從冷口，喜峰口，古北口，分
別退到口外。現在駐在熱河邊界的軍
隊應該從速的進到朝陽，並且積極籌

張學良與妻子趙一荻

備朝陽凌源，平泉承德各地間的運輸。熱河東南兩部完全是山地，不但日本人的坦克重炮都不能使用，就是飛機也有許多危險。喜峰，古北，和南口，三處都是天險。每處有一兩萬人防守，日本人非有一倍以上的兵力，不能進攻。只要能守得住熱河，放棄了平津是不足惜的。只要當局有必死的決心，充分的計畫，熱河是一定守得住的。

同時，丁文江與胡適、翁文灝等就熱河形勢朝夕討論，一面向張學良建言，又聯名致電蔣介石：

熱河危急，絕非漢卿所能支持。不戰再失一省，對內對外，中央必難逃責。非公即日飛來指揮挽救，政府將無以自解於天下。

但這些美意、良言並未蒙軍事當局採納，熱河還是失守了。當日軍在幾乎不付任何代價的情況下就輕而易舉地佔領承德時，丁文江向張學良說，這真是「日蹙國百里。」悲憤之情，溢於言表！並勸諫張：「到了今天，為您個人計，自己立刻跑到前線去，把畏縮不前的將領槍斃幾個，趁日本兵還沒有完全集中，親自帶著比較精銳的軍隊，不顧死活，不計成敗，一直向承德衝過去，使天下人都知道您是真愛國的，不怕死的─凡是真正為國效死的人，以前的事都可以不提。」

基於低調的立場，丁文江反對國聯調查團報告書發表後國人的激烈反對態度，他認為這是一種國家自殺主義。他一方面承認：國聯調查團報告書既不能令我們滿意，也不能發生直接效力；但採取激烈反對的態度卻不足取，「完全是自殺」。「我們先要明白國聯積極幫我們恢復失地的能力固然是有限，列強公然承認日本統治東北，卻可以

給我們很大的打擊。我們要希望將來收復失地，目前至少要保存世界對於我們的同情，消極的否認『滿洲國』政府。要做到這一步，無論我們對於國聯的報告書如何不滿意，不能不採用好意接收的態度，萬萬不可喪失列強的同情。」

顯然，這是一種非常務實的態度。此外，丁文江主張同日本直接交涉，這是一種很多人敢想但不敢提的辦法。丁文江的目的，是希望通過和談，為備戰贏得時間。他一向認為，中國要戰勝日本，絕不是幾年以內所能做得到的。中國的抗戰，必然是持久戰。基於此，他不主張大學生直接上戰場，不主張青年人罷課遊行，而經常這樣勸誡青年：「應該要十二分的努力，徹底的瞭解近代國家的需要，養成功近代國民的人格和態度，學會了最低限度的專門技能，然後可以使他們的一點愛國心，成功結晶品，發生出有效能的行為。」不過，和日本直接交涉的主張，似乎是一種一廂情願的辦法，在當時情勢下，即便中國願意和日本和談，如果不滿足日本的苛刻條件，也不會有結果的。

（2）「國內政治實較外交為重要」

丁文江不主張對日宣戰，是因為他深刻地認識到：抗日的工作，「不是憑一時的熱心可以了事的，是要有長期的繼續工作，使中國真能自衛，真能戰勝日本，才可以發生真正的效能」。「抗日救國，不是幾天的事，並且不是幾年的事，是要有長期的決心和努力，才能夠有成效的。」他雖然不反對在外交方面努力，但他更認為「國內政治實較外交為重要」。

實行政治改革。面對因「不抵抗政策」而招致的一片反對聲浪，

丁文江卻認為，為今後抗日大局計，「不在於責備已過去之當局」，更不必藉此推翻國民黨政權。他是希望國民政府能實行徹底改革，「建立一個有力量負責任的政府」，以領導全民族的全面抗戰。而製造言論乃政治改革之根本，於是他要對此表達看法。1932年7月31日，丁文江在《獨立評論》第11號發表〈中國政治的出路〉一文。文章說，國民黨應該做到幾個基本條件，政治的和平改革才有逐漸實現的可能：第一，國民政府絕對的尊重人民的言論、思想自由；第二，國民政府停止用國庫支出供給國民黨省縣市各黨部的費用；第三，國民政府明白規定政權轉移的程序。關於我們本身的努力，有以下各點：第一組織小團體，公開的討論我們根本的信仰和政治的主張；第二救濟青年；第三要研究具體問題，擬議建設新國家的方案。

廢止內戰，共同抗日。丁文江並不贊成馬克思主義，他說：「（共產黨的）理論和手段都不能使我們信服的」；「我對於共產主義表相當的同情，但是對他們的手段絕對地反對。因為我不相信任何人的預言，而共產黨的手段一部分是從馬克思的預言產生的。」但在國難當頭，丁文江極力主張南京政府應該停止剿共。他說，「我們對於國民政府，要請他們正是承認共產黨不是匪，是政敵……政敵不是單靠軍隊可以消滅的」；「共產黨是貪污苛暴的政府造成的，是內亂造成的，是政府軍隊『賣寇兵，資盜糧』造成的」。他呼籲，「停止一切武力剿匪的計畫和行動」。三個月後，丁文江又發表文章，詞鋒直指蔣介石：「……我們要希望蔣介石不要忘記他不但是『鄂皖豫剿匪總司令』，並且還兼得有常務委員和軍事委員會的委員長兩個差使。抗日問題沒有相當的辦法，南京的政局沒有相當的安定，剿共的軍事

是永遠不會結束的。」很顯然，丁文江
是把抗日看作比「剿匪」等任何工作都
重要的「頭等大事」。應當承認，這既
符合國家與民族的利益，又與當時中國
絕大多數民眾的意願是一致的。如何廢
止內戰呢？丁文江提出：先要揭穿一切
假公濟私的面具，一無顧忌地宣佈事實
的真相，才能夠有公道的輿論，具體的
主張。他曾經於1934年1月提出過這樣
的希望：「我希望國民黨，共產黨，第
三黨的人把個人恩怨各黨的利害除開，
平心想想是否我們可以承認一個最低限
度的信仰，使得大家在這種信仰之下，
有和平活動的可能。」三年以後，伴隨
著西安事變的和平解決，丁文江的這一
理想變成了現實，但這已是他以身殉職
一年後的事了。

「試行新式的獨裁」。1934年，丁
文江又提出「試行新式的獨裁」，原因
是：「……在今日的中國，獨裁政治與
民主政治都是不可能的，但是民主政治
不可能的程度比獨裁政治更大……實行
民主政治，一定要有普通的教育，完備

1934年丁文江被《大公報》邀請
擔任撰述「星期論文」

的交通，健全的政黨，寬裕的經濟。實行獨裁政治所需要的條件或者不至於如此的苛刻⋯⋯」丁文江所以提出這一論斷，是與當時民族危機空前嚴重的時代背景分不開的。同其他的政治改革的思想一樣，都有一個服務抗日、收復失地的基本訴求。

（3）科學化的建設

　　積極推動經濟建設。要實現全民抗戰，必須有充分的物質基礎。1932年11月國防設計委員會成立後，丁文江成了該委員會的委員之一。他認為要進行國防設計工作，必須瞭解全國資源情況，在他的大力協助下，由國防設計委員會出錢，地質調查所出人，做了不少工作。地質調查所還出版了許多關於煤礦、鐵礦、銅礦、鎢礦、錫礦等的報告，對於資源的開發起了很多的作用。職業科學家出身的丁文江，提出進行科學化的建設，而「要做到建設科學化，第一，建設的費用除非有外資的輸入不能超過國民經濟的能力；第二，要有輕重緩急的標準；第三，建設要有統一的職權；第四，凡百建設，未經實行以前必須有充分的研究與設計。」而此一時期丁文江專門研究經濟的論文，還有〈實行統制經濟的條件〉、〈銀出口徵稅以後〉等。對當時國家的具體經濟建設，丁文江亦格外熱心。1935年底，即將在未來的抗戰中發揮重要作用的粵漢鐵路株韶段，即將全面貫通，為了解決通車後的用煤問題，鐵道部特請丁文江派人到湖南探礦。為慎重，丁文江決定親自前往，最後，因煤氣中毒以身殉職；所以胡適說他是「為了國家的備戰工作死的」。

第十九章

蘇俄旅行

　　我離開蘇俄的時候，在火車裏，我曾問過我自己：「假如我能夠自由選擇，我還是願意作英美的工人，或是蘇俄的知識階層？」我毫不遲疑地答道：「英美的工人！」我又問道：「我還是願意做巴黎的白俄，或是蘇俄的地質技師？」我也毫不遲疑地答道：「蘇俄的地質技師！」

　　　　　　　　　　　　　　　　　　　　——丁文江

一、國際地質大會

　　1932年，翁文灝等老朋友曾邀丁文江去蘇俄旅行，但他因為手頭工作忙，加之不懂俄語，深恐無功而返，所以，並不熱心。第二年，新機遇來了——第16屆國際地質大會在華盛頓召開，時任國防設計委員會秘書長的翁文灝再提前議，並答允丁文江可先便道到華盛頓赴地質大會再由西歐轉赴蘇俄。這

樣，丁文江便接受邀請，在國防設計委員會的資助下，於6月23日從上海乘上古列基總統號，啟程了。

與丁文江同行的有同去參加地質大會的葛利普（美國人）及秘書伍夫人（英國人）、德日進（法國人），還有一位老朋友赫那先生（瑞典人，因其他公幹赴美），這5個來自不同國度的人，組成了全船上最國際化的一張桌子。他們沿途經過日本神戶、檀香山、三藩市、芝加哥等地，一路上頗不寂寞。在神戶，葛利普曾兩次怒斥日本人：自從你們佔領中國的土地，殘殺中國的人民以後，我再也不願意把腳踏到你們國土上，再也不買日本貨。在檀香山，他們欣賞了當地的歌舞。在芝加哥，丁文江受到先期來此的胡適和戴秉衡的招待，熱誠的戴秉衡先生特意陪丁文江參觀了芝加哥展覽會。在參觀完科學館和宗教館後，丁文江曾發出這樣的感慨：你只要看了科學和宗教兩館，你就知道科學是活的，是不朽的；宗教是死的，是僵化的了！7月14日，丁文江由芝加

哥前往華盛頓。華府之行的目的，是受地質調查所的委託，去訪美國土壤學界的領袖馬布特先生，請他推薦一個土壤學者來中國工作。馬布特一明白丁文江的來意，就立刻說道，「我自己去好不好？我今年七十一歲了，照法律應該休職。現在農部向總統請求特許延長一年，還沒有奉批。我沒有到過遠東，很想在我未死以前去做點工作。」丁文江沒料到這位老人會毛遂自薦，只好告訴他照美國的標準待遇很薄，而且田野工作也比在美國辛苦。馬布特又笑答到，「有好機會工作，待遇我全不在意。至於辛苦是絕對不怕的。我雖然七十一歲，走路還如我少年時一樣的，你不要過慮！」由於官方不放，馬布特並未成行，但他的舉動仍令丁文江感佩不已：不愛錢，不怕苦，不服老，是歐美第一流學者的精神……

7月17日，丁文江首次乘坐空調列車由華盛頓前往紐約—國際地質學會先在紐約受美國地質學會與美國自然歷史博物院的招待，然後到華盛頓正式開會。在紐約四天裏，都是住在朋友班恩家裏。

丁文江向大會提交、宣讀了關於探討「中國二疊系」的論文，但他和葛先生的成果並未引起大家的注意，心中未免有些沮喪。當時耶魯大學教授舒克特（Charles Schuchert）也宣讀了論文，大講世界各地二疊系地層對比，採用了黃汲清的中國二疊系的劃分方案，同時把黃的成果掛起來，讓人抄錄。因此，儘管丁先生心情沮喪，但看到自己學生的研究成果被老教授採用，也還是由衷地感到高興。

在這次大會上，蘇俄代表曾提出申辦下一屆國際地質大會，但遭到西方「資本主義國家」的無理阻撓。丁文江很是義憤，憤然起立，仗義執言，聲援蘇俄。對此，蘇俄代表極為感念，當他們得知丁文江

要到蘇俄訪問時，就表示一定會提供各種方便。

二、從紐約到柏林

1933年8月2日，丁文江離開紐約向歐洲去。當船離開碼頭的時候，他望著赫得森河邊上鱗次櫛比的高樓，心生一種不可形容的感想：渺小的人如何能造成幾百尺到將近一千尺高的樓房？高大的建築不僅使他慨歎物質文明的偉大，同時也使他覺得個人的渺小。再聯繫最近在美國的所觀、所聞，不能不承認：紐約的生活程度已遠遠超過了倫敦、巴黎。即拿他乘坐的「華盛頓」號輪說，並不是大西洋上的頭等船，但船上的設備、家具、飲食等已遠非太平洋或是印度洋的船所能比。在橫渡大西洋的一個星期裏，丁文江除去吃飯，睡覺，看小說以外，不做任何事，也不與任何人交談，做了一次徹底的休息。

8月9日，丁文江抵達法國的哈吳爾，本來可以一直經過柏林到蘇俄去的，因為他要到瑞士、瑞典等國家看看老朋友，所以就在歐洲大陸上停留了半個月。靠岸的當天，他先去了巴黎，當天下午就飛到日內瓦。前幾天，已先打電報在濃霞台大學留學的黃汲清前來會面，黃接電後即專程前往日內瓦謁師：

　　我把我在瑞士的情況向丁先生作了簡短的彙報。我特別告訴他，阿爾崗教授（黃汲清的導師）已指定薩斯地區作為我寫博士論文基地，並已在老教授呂絨的帶領下，一同填地質圖。這些都符合丁先生對我留學瑞士所要求的條件，感到十分高興……（丁先生）大概是1907年左右，來過瑞士，曾在洛桑學習法文，而今三十年快過去了，想再攀登一個高山，以助我們會面的餘興……第二天天氣晴朗，我們兩人搭乘架空索道登山，北眺日內瓦湖，遊艇如織，

南望昂白高峰，冰舌下垂，良辰美景，能和我的恩師，丁文江先生共同享受，真是人生一大快事！面前擺出幾張大理石桌子，一位年輕黃髮姑娘前來，叫一聲「先生們好，喝點什麼嗎？」，我和丁先生面面相覷，我們兩人都不能喝酒，奈何！停一會，我只得叫：「來兩杯啤酒吧」。

　　第三天丁先生拜會了日內瓦大學地質學教授巴勒加（Parejas）。……（巴勒加）曾任南京中央大學教授兩年，和丁先生有交往，此次得知他剛提升為地質系正教授，故向他表示祝賀，同時和原地質系主任教授科勒（L. Collet）會面。丁先生講法語十分流利，在這些場合對付自如。在臨行前一天，丁先生和我單獨談話說：他來歐洲可能去英國走一趟，並擬訪問蘇聯後回國，今後不再跋山涉水，敲石頭、找化石了。「你還年輕，前程無量，我們對你的希望無窮。我的這架布朗屯羅盤，用了幾十年，已經舊了，送給你做紀念吧！」這是恩師的

黃汲清

臨別贈言，我心裏很難過，想回答，竟說不出話來。果然，我們日內瓦一別竟成永別。

丁文江在日內瓦停留兩天后，飛回巴黎，轉赴倫敦。在英國前後不過四天，但他還是去拜訪了中學讀書時候的鄉鎮——司堡爾丁，看望房東、朋友和同學。關於這一段，丁文江在他的遊記裏有詳細的記載，其中有不少是回憶留學時候的人和事，可充留學時候的傳記資料，已詳引於本書第二部分，此處就不贅敘了。離開英國後，丁文江坐船到瑞典；8月25日，從斯德哥爾摩到柏林。在柏林期間，他與四弟文淵盤桓數日。其中，他談起梁啟超的為人，很興奮的告訴文淵說：我發現了任公根本不是保皇黨人，有南海給他的一封責備的電報為證。

從8月9日在哈吳爾登岸，到29日離開柏林，在短短20天的時間裏，丁文江已訪問了5個國家，切身感受了歐洲各國的土地之狹小，國界之不天然。

三、蘇俄面面觀

8月31日，丁文江抵達莫斯科，當天即去訪問「地質採礦聯合局」，受到代理局長奴維哥夫（Novekoff）的熱情接待。依照與國防設計委員會的約定，丁文江只在蘇俄考察地質而不從事其他的調查。因此，當奴維哥夫表示全力提供方便時，他便說出了頗為龐大的旅行計畫：到烏拉爾山參觀鐵礦與鋼廠；到中央亞細亞作地質旅行；過裏海到巴庫參觀煤油礦；從南至北穿過高加索山脈；到東奈治煤田研究地質並參觀煤礦鐵廠；參觀德涅勃河邊的大水電廠；由氣夫到波蘭。但

奴維哥夫認為這個計畫太大了，不是40天內所能做到的，因此勸丁文江犧牲中央亞細亞的旅行，又建議他務必到蘇俄的科學中心—列寧格勒去參觀。奴維哥夫還向丁文江介紹了地質探礦聯合局的沿革和現狀。原來，該局的前身是地質委員會，1929年擴充為地質局，屬於國民經濟委員會。1931年命名為地質探礦聯合局，直屬於重工業部。總機關共為六部：一設計，二會計，三地質，四探礦，五勞工，六教育與職業。聯合局全部共有職員六千，其中有三千是地質家。全部預算為一億兩千萬盧布，其中九千萬由財政部直接撥給。另外，聯合局自辦有7個專門學校，以訓練地質人才。

9月1日，丁文江又去了地質探礦聯合局，參觀了他們的陳列館。次日，他便接受奴維哥夫的建議，到列寧格勒訪問、考察。在列寧格勒停留的三天裏，大部分時間當然是消耗在參觀科學機關上。丁文江首先訪問這裏的地質研究所，其前身是沙俄時代的地質調查委

丁文江回國後，曾主張實行
一種新式獨裁

229

員會，成立於1882年；1931年，地質探礦聯合局在莫斯科成立，原有的地質調查局改為地質研究所，隸屬於地質探礦聯合局。地質研究所所長亞基開夫和副所長德提亞也夫對丁文江的來訪表示了很誠懇的歡迎：不但邀請本所的專家與丁文江討論，還派人帶他參觀地質礦產陳列館，又贈送他許多出版物。令丁文江格外欣喜的是，蘇俄專家對他的好友兼同事翁文灝、葛利普、李四光等人的研究非常留心，他時而用英語、時而用法語、時而用德語，愉悅地與蘇俄同行交流著。這樣的談話，再一次使他感受到科學的無國界。

接著，丁文江又參觀了蘇俄科學院的地質部。在這裏，丁文江與40年前曾來中國研究地質的蘇俄地質界前輩奧布儒卻夫會面。1917年，丁文江曾請他用德文或是法文把他自己和其他俄國學者對於中國地質的研究做一個簡明的結論，在中國出版。十幾年過去了，但兩人對此事都記憶猶新。丁文江又將新近出版的中國地質刊物送給奧布儒卻夫，這位老人對其印製考究大加讚賞。不過，對科學院的地質陳列室，丁文江卻非常失望。

一向對人種學具有濃厚興趣的丁文江，還參觀了科學院的人種民族部。在這裏，丁文江看到了中國地質調查所送給他們的「北京人猿」的模型；作為回報，館裏的工作人員特意取出館藏的珍品請丁文江鑒賞，這倒使他有些過意不去了。

9月5日，丁文江從沙俄時代的首都列寧格勒返抵蘇俄的首都莫斯科。依照旅行計畫，他下一步的行程是去巴庫。但離出發還有幾天，丁文江提出看莫斯科附近的地質剖面，卻因交通不暢、又遇大雨，無功而返。次日，丁文江在翻譯的陪同下前往圖喇，參觀礦井和鐵廠。

他們一到圖喇，就被盛情的煤礦管理局局長邀請前往參觀托爾斯泰的故居和墓地。丁文江和陪同的人員下到礦井裏，在井下考察了兩小時，他看到的是：

礦井是長方的，深不過四十六公尺。罐籠只容半噸的煤車。井下秩序頗好，但是運輸的方法各種皆有：人工，驢子，徧環鐵索；頗足以代表過渡時代的狀況。挖煤大部分是手工。就近安了一付熔煤的機器，還在試驗期中。井下工人只有一個管運輸的是女的，此外全是男人。

礦井既是很淺，通風自然是好的。加之沒有水，沒有煤氣，所以開採的工程極其容易。不過煤層的底是泥，頂是沙，都很鬆軟，支柱因之用的很多……

全礦的煤層很平——傾斜不過幾度。兩公尺的煤中間雜著一薄層的土。採礦時須把土揀去。有時煤層忽然不見。經過若干尺的沙，然後又遇見煤。初看起來，似乎是普通所謂斷層，但是沙兩邊的煤層高下並無變動。仔細研究的結果知道沒有煤的部分是成煤之後地面所發生的水道。煤層本來是連成一片的。以後水道所經過的地方煤先被水沖去，再淤上沙，所以成功現在的狀況。

至於參觀korogovsky鐵廠，他留下了這樣的記錄：

這是蘇俄最舊式的廠，只煉生鐵，不煉鋼。舊有兩個一百七十噸的化鐵爐。四個月前完成了一個新的四百噸的爐子。所以目前每日可以產生鐵七百多噸。焦炭是要從多奈治（Donetz）煤田來的，運路約為一千公里。鐵礦是附近產的，但是褐鐵礦成分很低；每礦一噸只含鐵百分之四十四……每噸生鐵耗焦炭1.18噸。新爐成功以後

曾經單用本地的褐鐵礦，也有相當的成功，但是每噸生鐵要用焦炭1.35噸。每噸生鐵的成本是九十盧布。

9月11日，丁文江離開莫斯科，坐了兩天三夜的火車，於14日到達巴庫。在巴庫，丁文江用兩天的時間參觀了巴庫油田十區中的七區，又用一天時間參觀油礦管理局的地質研究所。丁文江在他的遊記裏分析了石油生成的原因，提出：中國的地質與石油生成的條件不合，發現大量的油田希望是比較少的。而以後的事實表明，這個論斷是完全錯誤的。

丁文江於17日離開巴庫，前往高加索聯邦共和國的都城第比利斯。18日，他拜訪了喬治安大學地質教授Koniushevsky，登大維得山，參觀博物館；19日，拜訪喬治安大學地質教授Djanelidze，參觀喬治安大學和植物園；20日，則到野外實地考察。

丁文江的旅行記就寫到此，此後1個多月的旅行，因無記，我們就全然不知了。但在這前1個月的旅行中，他親眼目睹了蘇聯建設事業的突飛猛進，感佩其建設計畫之細密與可操作性。這與他回國後提出的「科學化的建設」等主張不無淵源。此外，儘管丁文江此次到蘇俄的目的只有「考察地質」一個，但憑著他職業科學家的敏銳眼光，他看到的是一個多面的蘇俄。比如，他一踏上蘇俄的土地，就對用法語和德語書寫的「全世界無產者，聯合起來」 大紅標語感到格外醒目，而深感在這個國度裏意識形態色彩的濃厚。他偷閒遊覽紅場，對因閱兵實行交通管制而給遊客帶來不便深表反感。他每次坐火車總是對火車的速度、設備、衛生及舒適程度做一番品評，乘汽車時則對路況格外關注，藉此評估某地的現代化程度。他看了歌劇、電影後，就

深歎這個新國度的文化水準的落後。旅程中,他與陪同人員聊天,藉以瞭解一般老百姓的生活狀況;在他認為「生平所見最美麗的城市」巴庫,則訪問了工人住宅,最直觀的感受了蘇俄普羅大眾的生活。所以,丁文江眼中的蘇俄,不是單面的,而是立體的。

　　當丁文江6月23日出國的時候,還是盛夏時節;但當他結束了為期兩個月的蘇俄旅行,坐上火車穿越漫漫的西伯利亞回到祖國時,在北方已經是冬天了。這次為時4個多月的旅行,整整繞地球轉了一圈,是他一生中最後的一次長途旅行。

第二十章

中央研究院總幹事

在君先生是一位有辦事才的科學家。普通科學家未必長於辦事;普通能辦事的,又未必精於科學。精於科學而又長於辦事如在君先生,實為我國現代稀有的人物。

——蔡元培

一、第二任總幹事

1933年11月間,丁文江結束了兩個月的蘇俄旅行,回到了北平。一回國,中央研究院院長蔡元培就馬上與他接洽:懇切希望他能出任該院總幹事。原來,這年的6月18日,也就是丁文江出國前5天,中研院的總幹事楊杏佛在上海遇刺。當時討論繼任人選時,教育文化界人士大多囑意於文江,認為丁任此職最適宜;這主要是基於他過去20年來在科學、文化方面的成績:地質調查所的工作、

中央研究院舊址

蔡元培

與張君勱的論戰、「北京人」的發現，這都是有目共睹的。當時持這種態度的人，不止他的朋友，有好多是與他私交不厚但持論公允的人；而蔡元培先生也深以為然，故而竭力羅致。

面對蔡先生的誠摯邀約，丁文江很是躊躇。儘管他對科學極具熱心，但對國事「尤宏抱志願」，以為一旦擔任這個職務，則「須以機關地位為先，不便輕發猛進言論」。最使他遲疑的，是他的身體狀況：他回國後，常覺身體不適，特別是左腳大拇指老是發麻。他一直堅信遺傳學的若干假設，以為不會活過五十歲，因為丁家的男子，沒有超過這一大限的。基於此，在考慮是否接受蔡先生的邀約時，他特意到協和醫院作了一次徹底的檢查。他特別就腳麻的症候詢問醫生：「要緊不要緊？」醫生說，「大概不要緊。」他又問，「能治不能治？」醫生說，「不能治。」他一聽到這話，立時放心了：若是能治，當然要想法子去治，既不能治，便從此不想它好了。

在蔡元培的堅邀和院內諸好友（如傅斯年等）的輪番勸說下，丁文江終於答應到中研院。第二年年春天，丁文江為探視翁文灝的病，專門到南方，這其間與蔡元培先生多次長談；他答應來院，就在此時。這年3月13日的《蔡元培日記》記道：「囑備聘書致在君，由子竟攜去。」不過，丁文江雖允來院，但不願居總幹事之名，而願為副院長。於是，蔡先生就呈文國民政府，請求修改《中央研究院組織法》，將總幹事改為副院長。但此事運作起來頗麻煩，後經協調，丁文江也答應就任總幹事。4月24日，中研院正式聘請丁文江為該院總幹事。

楊杏佛（右）

5月18日，丁文江到上海，就任總幹事。這天下午，留滬同事開歡迎會，與新總幹事行相見禮；3天後，在南京中研院總部，也舉行了類似的見面儀式。上任伊始，丁文江就向蔡院長提出：必須有一過去隨他工作過的熟手作助理；而時任中研院文書處主任的是魯迅先生的同學許壽裳。對許先生，丁文

丁文江任中央研究院總幹事時使用的名片

江也主張妥為安置，因向蔡先生表示：「甚願籌一優待之法」。這樣，許壽裳辭職，改就北平大學女子文理學院院長。而新上任的這位「熟手助理」，就是丁文江在農商部地質研究所時期的得意門生徐韋曼。

丁文江在上海、南京匆匆行完「就職禮」後，即返回北平。在最初返平的幾天裏，他與好朋友胡適、徐新六、竹垚生等一同遊覽了長城，參觀了在團城舉辦的西北古物展覽。至於北大的職務，考慮到就新職後勢難兼顧，便將有關工作結束，並告長假一年，但教職仍保留。這樣，用了不到20天的時間，丁文江將北平的事情略作收束，就又匆匆南下，正式到中央研究院視事了。

6月15日，丁文江到了上海，與蔡元培院長接洽後，即於18日晚間抵達南京。19日，到院辦公。丁文江一上任，做的第一件事是整頓總辦事處：把總人數縮減到18人；裁撤庶務處，將國際出版品交換處移歸中央圖書館辦理，只保留原有的文書、會計兩處。丁文江

所以要進行機構精減，是為了節省行政費，增加事業費。當時中研院原有經費，連各所經常費，每月為十萬元，總辦事處經費每年十二萬元。由於多年來經費困難，而各所因工作關係，已無可再減，故將總辦事處縮小範圍，以其節省下來的費用（兩處撤銷後，總辦事處每年可節省五萬元），支用於研究事業。此舉可體現丁文江的工作理念：一切以研究為中心。

二、為中研院修章定則

　　丁文江在擔任總幹事期間，有三項重要舉措，在中央研究院的發展歷史上是值得大書特書的。這三項舉措是：創立中央研究院評議會，設立基金保管委員會和編制預算制度。

　　國民政府於1928年4月10日公佈的《修正國立中央研究院組織條例》規定：「國立中央研究院設評議會為全國最高學術評議機關，以院長聘任之國內專門學者三十人組織之」。但六七年過去了，由於種種窒礙，評議會一直沒有成立。而根據中央研究院組織法的規定，中研院作為全國最高科學研究機構，除了自作研究之外，還有對全國的學術研究進行指導、聯絡、獎勵的責任。但因為沒有評議會，這項職責就很難履行。

　　丁文江上任後，認為這件事不可再拖延了，於是與各方面反覆商討，協調關係，補充、修訂條文。對當時緊湊、困難的籌備工作，朱家驊有生動的回憶：

　　他接事以後，覺得當時中央研究院只是專做第一項工作，對於第二項工作沒有著手進行，很表遺憾。為欲穩定中央研究院，保持

其學術獨立性，他遂進行上述第二項工作，發動設立評議會。他對評議會組織條例的起草，和第一屆評議員的產生方法，與有關方面經過不斷的商討，幾次再審，補充修正，才始完成，真可謂費盡心血。那時我仍在交通部長任內，他顧慮中央不能通過，常常跑到交通部和我往復磋商，我深深為他這種辦事精神所感動。最初我對評議員只限中央研究院已有的研究科目，其他學科的人員並不包括在內，頗持異議。他力勸我不要再堅持，不必再擴大範圍，以免發生其他枝節，他的苦心孤詣，使我終於同意，並在中央政治會議予以支持。

經過幾個月的緊張運作，終於，國民政府於1935年5月27日公佈了由丁文江一手起草、並經多方討論而成的《國立中央研究院評議會條例》。該條例的主要內容是：中央研究院評議會第一屆聘任評議員，由中研院院長及國立大學校長組織選舉會，投票選舉30人，並呈請國民政府聘任；評議員之被選舉人必須是對於所專習之學術，有特殊著作、發明者，或者對於所專習之學術機關領導或主持在五年以上並成績卓著者；依據中研院所研究科目分配，每科聘任評議不超過3人；評議員的職權包括議決中研院研究學術的方針、促進國內外學術研究之合作與互助、中央研究院院長辭職或出缺時，推舉院長候補人1人，呈請國民政府遴任、選舉中研院名譽會員、受國民政府委託之學術研究事項等5項；聘任評議員任期5年，但可連任。

有了條例的各項詳細規定，創立評議會的工作就可依法循序進行了。20多天後的6月19日，中央研究院首屆聘任評議員選舉會順利召開。這天開的是「預備會」，共有13人出席；除蔡元培、丁文江外，

其餘都是國立大學校長（或其代表）。會議由蔡元培主席，當日議決：各科目聘任評議員的人數；選舉聘任評議員的標準；評議員候選人之推舉。第二天，選舉會正式舉行。到會的各國立大學校長或代表共14人，由蔡元培主席，當場選舉李書華等30人為中央研究院評議會第一屆評議員，並呈請國民政府聘任。丁文江、翁文灝、朱家驊當選為地質學評議員。全體評議員分為11組，丁文江被選為地質組主席。7月2日，國民政府為第一屆評議員發聘書。這30人是：李書華、姜立夫、葉企孫、吳憲、侯德榜、趙承嘏、李協、凌鴻勳、唐炳源、秉志、林可勝、胡經甫、謝家聲、胡先驌、陳煥庸、丁文江、翁文灝、朱家驊、張其昀、張雲、郭任遠、王世杰、何廉、周鯁生、胡適、陳垣、陳寅恪、趙元任、李濟、吳定良。

9月7日，中央研究院首屆評議會成立會和第一次年會在南京雞鳴寺路1號歷史語言研究所召開。出席會議的共35人，除新當選評議員外，政界要人戴季陶、汪精衛也蒞會致訓，會議由蔡元培主席並作報告。在這次大會上，丁文江被推舉為評議會秘書、評議會規程起草委員。本屆評議會共收到提案7件，丁文江的提案為「促進學術之研究與互助案」：

近來國內之科學研究機關，設立日多，屬於中央政府者，除中央研究院外，又北平研究院、實業部地質調查所、農業試驗所、工業試驗所、經濟委員會之蠶絲改良會、棉產改進所、茶葉改良所、西北畜牧改良所、衛生試驗處、參謀部與兵署之試驗室等。其他各大學及私人學術機關，尚不在此列。為增加工作效能計，自應有相當之聯絡，以期消極的免除無意識之重複，積極取得有計劃之合作。據本會條例

第五條，本會職權之一條「促進國內外學術研究之合作與互助」，為此提議本會議定下列原則：

（一）凡有常規的任務，如氣象觀測、地磁地質測量等，絕對不應重複。

（二）凡研究吾國原料物產以謀發展實業之工作，應互相聯絡，在可能範圍內免除重複。

（三）凡純粹科學，不妨重複。

以上原則，應由各組委員會先調查各個研究機關工作之現狀，設法接洽，以期實行。是否有當，敬候公決。

在第二天的會議上，評議會規程起草委員會主席李書華報告了起草評議會議事規程、處務規程、選舉規程之結果。會議對各提案付諸表決，由評議員縝密討論後，分別修正通過；丁文江提的「促進學術之研究與互助案」也獲通過，唯原則第一項「絕對」二字刪去。

從此以後，中央研究院評議會每年

丁文江出席中央研究院評議會的會議

開常會一次。開會的時候，評議員分組開會，由各組委員會調查本專業全國研究機關的成績與全國學者所發表的著作，以為將來聯絡的基礎。這樣，中央研究院才真正成為一個代表全國學術研究的機關。同時，評議會的成立，也為中央研究院的進一步發展立下百年大計：有了評議會，才有後來的院士會議；有了院士會議，研究院的體制才正式完成。

關於基金保管委員會。中央研究院組織法規定：該院最小限度基金定為五百萬元。但中研院自成立以來，一直未正式組織基金保管委員會。丁文江擔任總幹事後，為了更多的增加基金並和現有基金有效利用，認為有組織保管委員會的必要。丁文江親擬基金暫行條例，並呈請國民政府核准。6月14日，《國立中央研究院基金暫行條例》，由國民政府核准施行。該條例規定：國立中央研究院之基金依下列方式聚集之：政府撥款，已有基金之生利，私人或團體之捐助；基金之保管，由中研院基金委員會行之；基金委員會由中研院院長、總幹事、會計幹事，並院長指定之所長2人及教育部代表、主計處代表各1人組成；基金委員會以院長為主席，總幹事為秘書，會計幹事為會計；中研院得將每年利息之一部分用於本院「有特殊重要之講座及研究生名

中央研究院評議會合影

額」等事項；基金設獨立之會計，每月送審計部查核。

有了這個條例，中研院基金部分的增益與應用，就有規則可循了。按照條例規定，丁文江作為總幹事，為當然的基金保管委員會委員。

再說編制預算的制度。1930年代的中國，科學人才不多，而科研經費更少。因此，丁文江一向主張：花一個錢，就應該有一個花這一個錢的意義。但當時的情形是，一方面，因經費拮据，很多重大的科研項目不能上馬，另一方面，浪費情況也頗嚴重。丁文江常對朋友說，「我們現在中國的學術機關，往往以科學研究的名義買了很多儀器，卻常常地沒人用；等到上了鏽，糟蹋了，也沒人管，豈不是浪費？這毛病就是有責任的人不但對於金錢的價值沒有真正的認識；對於人的價值也沒有真正的認識。而這種損失，不特是金錢的、人才的浪費；更難估計的，為那追求的目標將愈離愈遠。」在丁文江到任前，中央研究院在經費使用上採取「平均分配」的辦法。這種辦法的好處是，各研究所能充分自由的支配經費，但若遇到購買耗資頗為巨大的儀器、設備時，就遇到麻煩了。有鑒於此，丁文江到院後，「即與各所長商討，打破習慣，而各所視其最緊縮的需要，以定預算。由總辦事處綜合各所節省下來的款項，以應付本院所需提前趕辦的，或與其他機關合作的事業。於是各事業的輕重緩急，有伸縮餘地，不致有膠柱鼓瑟的流弊。」

簡言之，就是將有限的經費，都花在刀刃上。

以上三項重要的制度建設，都是丁文江在上任後不到1年的時間裏完成的。因為有了這些重要的制度，才把這個全國最大的科學研究

機構，重新建立在一個合理而持久的基礎之上。

三、研究所建設之一斑

在1927年中央研究院最初籌備的時候，議決先設立理化試驗研究所、社會科學研究所、地質研究所、觀象臺4種研究機關。到1934年丁文江接任總幹事的時候，中研院下屬10個研究所。

在研究所建設方面，丁文江上任伊始，即把自然歷史博物館改稱為動植物研究所，並聘王家楫擔任所長。因心理、化學兩所原所長堅請辭職，乃新聘汪敬熙、莊長恭分別擔任所長。他看到當時社會研究所人才缺乏，就積極促成中基會所辦的社會調查所和中研院的社會研究所合併，改稱社會科學研究所，並聘請陶孟和為社會科學研究所所長。但就在這件事上，他與多年的知交任鴻雋發生意見分歧，幾致決裂。事情是這樣的：中央研究院與中基會的任鴻雋商酌好兩所合併的條件後，任鴻雋又就中基會贊助該所的金額與所長的任期年限，提出新想法，這引起陶孟和的極大不滿。對此，丁文江也不滿意任鴻雋的做法，乃請胡適出來協調，做工作，仍維持原案。本來，丁、陶、任等都是相交甚深幾十年的老朋友，但在原則問題上卻絲毫不讓。當年他們之間彼此交涉、討論的信函還完好地保存著，而今，70多年過去了，我們再重新檢視當年的有關文件和丁、任、胡、陶等人的往來函件，就會發現：他們之間，誤會的成分居多，而意氣的爭論居少。

此外，他還希望將科學社的生物研究所與研究院的自然歷史博物館合併，請生物研究所的秉志來做中央研究院的動物研究所所長。儘管他為此事做出了不少努力，但由於種種原因，卻沒有成功。

中國地質學會第11屆年會，丁文江參加。

參加第二屆全國氣象機關聯合
討論會的代表合影

評判一個研究所辦得成功與否，主要應著眼於所內的研究人員選得是否得當，並且所內是否有一種研究的精神使所內人員能日日進步。當年丁文江辦地質調查所能取得大成績，主要也在於堅持了上述兩條。如今，他管著10來個研究所，還是要這樣做。1934年7月劉半農逝世後，時任北京大學文學院院長的胡適，很想把歷史語言研究所的李方桂「挖」來，以繼承半農遺下的「語音學講座」。此舉，丁文江堅決反對。一方面給李方桂做工作，一方面致電蔡元培，請蔡致電胡適，「囑勿強拉方桂」，並以去就力爭。最後，採取變通的辦法：北大從史語所借羅常培二年，與中研院不脫離關係。

中央研究院的日常工作非常繁雜，身為總幹事的丁文江也因之格外繁忙。他必須參加定時召開的院務會議，出席各種宴會、應酬，有時還要代表蔡元培院長出席一些活動，如1935年4月，第二屆全國氣象機關聯合討論會在南京舉行，丁文江就代表蔡元培院長出席會議

並發表演說。此外，還要處理各種突發事件。

　　1935年4月10日，丁文江正在中研院主持召開太平洋科學協會海洋學組中國分會成立大會。就在這時，史語所的河南考古現場突然發生的一件連環辭職案，緊急報送到他的案頭。原來，去年丁文江就任總幹事後不久，就給史語所定下了一條規矩：做野外工作不得攜帶眷屬。他的想法是：田野工作原本就是苦事，甘苦須大家共之，挈眷與攜女友皆足使同事有苦樂不均之感。但此令一下，立刻引發趙元任、李方桂的激烈反彈，揚言若不收回成命，必欲求去。後經丁文江誠意溝通，才得諒解。這次連環辭職案，就因攜帶女友引起的。前不久，史語所河南考古組的大幹將董作賓，事前未向傅斯年和李濟説明，就把女朋友帶到彰德去，並且住在史語所辦事處裏面。傅斯年知道後就打電報給李濟並轉呈丁文江：「中舒自彰返，始知彥堂此行攜女友往並住辦事處，弟汗流浹背、痛哭無已，追思本所風紀至此，皆弟之過」，因而要自請革職。李濟於4月9日得此電後，即請趙元任將此電轉呈丁文江，又寫信給丁文汀説，對傅斯年因董作賓攜女友到考古現場而辭職事深感「懼恐」，認為傅斯年不應承擔任何責任，並自請處分。他提出的理由是：當時他正擔任代理所長；董作賓此行傅斯年在事前已經表示反對，而李本人允許之；此事發生在李濟主持的考古組。故李濟提出「孟真兄殆無責任可言」，並請求免去考古組主任一職，「以維院紀，而儆效尤」。而董作賓知悉後，就立即致電傅斯年、李濟，堅決辭職：賓因招待女同鄉參觀工作，致干本所風紀，無任慚愧，謹請即日辭職，以謝賢明。丁文江得報後，自不能輕視，因為，這幾位大台柱都辭職不幹了，安陽的考古工作豈不要半途而廢？

他先是寫信給董作賓，剴切分析因「攜女友」引發的連環辭職後果，並曉以大義，請董不要辭職：

……（研究院為純粹研究科學機關，對於女職員之私人行為無干涉之必要）但職員行動牽涉研究院時，則公私方面均為極端慎重，此原則也。持此原則以衡此次之事實，則兄招待女友赴彰事先當就應得孟真或濟之同意。何況兄之女友又同寓彰德之辦公所乎！孟真之所謂「風紀」問題當即指此。孟真、濟之皆極愛兄，恐兄不諒，故不肯相責而自引咎辭職並非欲以此逼兄。此意兄當能知之。弟意請兄善自反省，即致孟真、濟之一函，對於事前未徵同意誠意道歉，則事即了。在中國目前狀況之下，研究學術非有機關不可，求一相當之機關談何容易！任何人皆不可輕言辭職，弟當以此意告孟真、濟之及元任，茲謹以之告兄，請兄幡然改圖，勿作去意，且勿以良友之忠言為逆耳也……

同時，丁文江還致函徐中舒，請徐

董作賓著《殷曆中幾個主要問題》

「善為弟等解釋，使彥堂勿負義氣求去也」，又進一步申述不主張野外工作者攜眷旅行的理由。但董作賓的辭意極為堅決，信未收到即離彰德回北平了。

丁文江知道後，立即打電報給胡適，請胡勸說董作賓不要辭職，又將有關電函寄給胡適，以便胡瞭解事情原委，他在給胡適的信中說：

……我所要請你向彥堂說明的：（一）孟真對於他無絲毫的惡意。他本來是容易衝動的。他去年離婚的事至今不免內疚，所以有這次的爆發，懂得他心理的人，很容易明白。（二）我給彥堂的信是為孟真、彥堂兩方面找臺階下臺，並非要責備彥堂。目前孟真的衝動已經大體過去，只要彥堂不辭職，我想就沒有什麼問題。無論你如何忙，請你務必向彥堂解釋，請他打消辭意。

同時，丁文江又寫長信給董作賓，誠摯解釋、勸說。最終，董作賓就又心平氣和地返回河南的考古工地了。20年後，董作賓回憶當時的思想說：「丁先生給我印象最深的就在民國二十四年，那時為了一件不愉快的事，我在北平，他在南京，他曾一再寫長信去勸我，他以擺著一副老大哥的面孔，寫了許多誠誠懇懇的話語，舉出許多他自己的經驗，諄諄教導我，使我看了非常感動，於是放棄自己的偏見，服從在他的指示之下。」這樣，這椿當時頗引起震動的連環辭職風波，就靠丁文江寫了幾封信，打了幾個電報，輕而易舉的解決了。

這，就是丁文江──既能建立大學術，又能處理細微的人事糾紛，實在是中央研究院這個學術大家族的最合格、最成功的「大當家的」。

第二十一章

「就像你永永不會死一樣」

在君是為了「求知」死的，是為了國家的備戰工作死的，是為了工作不避勞苦而死的。他的最適當的墓誌銘應該是他最喜歡的句子：

明天就死又何妨！

只拼命做工，

就像你永永不會死一樣！

——胡適

一、最後的六天工作

1935年，距蘆溝橋事變還有兩年，但日本的魔爪已是四處揮舞、不斷尋釁，局部的侵略事端如火如荼、此伏彼起。中國人都清楚：全面的侵華戰爭已是朝夕之事，大難馬上就要臨頭了。

而這年年末，國人寄希望在抗戰中發揮作用的粵漢路株韶段即將全線貫通。為了解

決通車後的燃料問題，鐵道部特商請丁文江派地質專家到湖南探測沿線煤礦。丁文江覺得「此種任務關係很大」，所以決定親自出馬，以「使將來一切計畫易於實行，我說的話及我的主張力方可發生較大的力量。」出於這樣的考慮，他不顧夫人臥病，於11月29日離寧赴湘。行前，他曾寫信給粵漢鐵路局長凌鴻勛：

> 弟受鐵道部委託，於今晨西行，計十二月二日可抵長。在省尚有二三日之勾留，即赴衡相晤；晤後擬赴湘潭之譚家山煤礦一觀。如時間來得及，或至耒陽。

丁文江這次湖南之行，除了探礦，還有一個秘密任務：受教育部長王世杰的委託，為清華大學選擇新校址。所以，他一到長沙，老朋友、湖南教育廳長朱經農也出面招待。

丁文江抵長沙時，已是12月2日深夜，朱經農和湖南地質調查所長劉基磐已在月臺上迎候；並且，朱經農還為他安排好招待所，但丁文江執意不肯去，他說，「我此次來湘，領有公家的旅費，不應該再打擾地方政府。我無論到什麼地方，都願意自己住棧房，比較的心裏安些。」後經再三相勸，始允前去。到了招待所，已是12點鐘，本應即時就寢，但是他急於要把自己所擔任的事趕緊去辦，所以留朱、劉二人多坐一下，等行李由火車站取來，把箱子打開找出一本《湖南主要煤礦一覽》的草稿交劉基磐。並交待劉：請派一個工作人員趕急的重抄一份，預備日內出發看礦用。

3日，丁文江在招待所會見了湖南地質調查所同行，又與張子高（清華大學教授）、朱經農一同視察長沙的學校：

> 他每到一處，他的視察非常周密。他對於一個學校的建築是否

合用，建築材料的堅實程度和價值高低，都估計得很清楚。尤其注意於學校將來發展的機會。他做事的精細和判斷的明確，使我們同往視察的人非常佩服。

視察終了後，又往明德中學看望胡子靖，不遇。本擬拜望恩師龍研仙的夫人，因一時查不出地址，也只好作罷。

4日，丁文江視察了上黎家坡湖南地質調查所，

他首先把這次來湖南的目的和日程分配，同我們商量一番，同時對於譚家山煤礦地質情形詢問頗詳。他說：「譚家山煤礦是很有希望的，儲量是豐富的；我們這次要注意的是確測煤系地層的構造，煤層的傾斜；因為根據以往的記載，此礦煤系地層成一向斜層，煤層的傾斜很大，施工困難；我們這次應該詳細觀察煤層的傾斜角度是否愈下愈小。如果愈小，這個向斜是有底的。不然，就回像無底的一般，而礦的價值隨之減損。」……談畢，我們遂引他參觀本所的陳列館，圖書室，工作室等等，頗承他的稱許。並約定本所的王技正曉青於一兩日後陪他同往譚家山看礦。

下午，丁文江拜訪郭若衡、蕭秉文等。當日晚，又致函王世杰，報告視察學校經過；又致函劉基磐，談日程安排。

5～6日，丁文江偕同張子高、朱經農登南嶽：

是日匆匆乘汽車出發，到南嶽已經正午……（午餐後）雇轎登山。在君雖雇一轎，始終未坐……在君則工作極忙，忽而俯察岩石的裂痕，忽而量度氣壓的度數，無時無地沒有新鮮的資料供他的研究……三人同至烈光亭讀龍研仙先生的紀念碑。在君在碑前徘徊甚久，並為我等追述當年如何遇見龍研仙先生，命其作通西南夷論，

如何勸其研究科學，並托胡子靖先生帶其出洋。談話之中，流露出深切地情感。

（6日）在君先生依然勘地質，測氣壓；計算步數，緩緩前進。過了南天門，山風怒號吹人欲倒……在君先生依然繼續做他的勘測工作，並不休息。到了上峰寺……上祝融峰……由上峰寺下山至藏經殿，復至福嚴寺……入南台寺，觀貝葉經，復下山，至南嶽圖書館，天已傍晚。應康和聲先生之約，在館中晚餐……當晚宿山下中國旅行社。

7日，考察譚家山煤礦：

晨9點鐘方才由南嶽乘鐵路局汽車到茶園鋪……（遂步行十五里前往譚家山煤礦）……（抵後）見山頂岩層近於直立，謂如此陡削的向斜層煤系，不知深至何處始相會合。先是沿途所見岩層，傾角亦大，在君先生對於本煤田的構造就懷疑慮。到譚家山後，他並不稍休息，即沿譚家山東側田園，經萍塘曾家山沖，到東茅塘……（下午二時到昭潭公司）午餐後，下洞考察。礦洞傾角45度，斜深170公尺；洞內溫度甚高，著單衣而入，亦汗流浹背……（丁文江）直至洞底，親測煤系傾角及厚度，始行出洞。事前王君勸請勿入，由他代為下洞勘測，亦不允許。在君先生出洞時，衣服已盡濕。由洞口到公事房，相距約百餘公尺，洞外氣候是極冷的。在君先生經過這百餘公尺之曠野到公事房，堅不肯入浴；因為已是下午五時，還要趕回南嶽歇宿的緣故。如是將汗濕的衣服烤乾，加上外衣，逕回茶園鋪車站。鐵路局汽車早已在站等候，他便於六時回南嶽歇宿。

通過考察，丁文江對煤礦的儲量頗感樂觀。但後來翁文灝、黃汲

清又做過專門考察，事實是該礦的儲量並不大。

8日，丁文江由南嶽抵衡陽。晚間，與凌鴻勛餐敘，他們詳談了次日的行程及考察的觀感。

不過，這天晚上天氣突變：烈風驟雨，氣溫陡降。連日來丁文江上山、下礦，疲倦已極，非常畏寒，故將裝有壁爐的房間門窗緊閉，沐浴入寢。為了徹底恢復連日來透支的體力，他又服下了安眠藥。睡前，又擬一份給朱經農的電報：定十日返長沙，即日轉車回京。因都中另有要事，促其速歸，故變更原定行程。所謂「要事」，是蔣介石欲任命丁文江為鐵道部長。但他做夢也沒有想到，這次來湖南，再也回不去了。

凌鴻勛著《陜南雜錄》

二、命隕長沙

9日晨，丁文江被凌鴻勛發現中煤毒：

晨七時半餘（凌鴻勛自稱）扣先生戶知尚未起，其僕謂久撼而未醒也。室中有壁爐，曾於先一日下午生

火，先生睡時將所有氣窗關閉，於是同人覺為中毒。立召鐵路陳、袁二醫師至，時呼吸仍有，而脈已微。急施救治，不見醒轉，旋察其枕下遺有安眠藥瓶少去三片，因覺係夜睡過熟致中毒不覺。因一面召教會仁濟醫院美人布醫生，一面電囑朱經農兄覓一良醫來衡。

凌鴻勛立即組織路局醫生搶救，先後歷5小時：注射強心及呼吸刺激劑，並施行人工呼吸；下午2時送往衡陽之仁濟醫院，又注射強心劑等。不過，衡陽醫生施行人工呼吸時，曾將肋骨折斷，但迄28日前，一直未發現，埋下大禍根。事後，醫生、家屬分析中煤毒的原因時，提出2條：鼻子沒有嗅覺、缺少用壁爐的經驗。但據醫生最後的報告和解剖結果，死因並不止此。

當日晚9時，湘雅醫院內科主任楊濟時醫師自長沙抵達。楊醫師記述病狀和救治情形：

丁先生顏色紫紅，呼吸深而促，瞳孔反映甚微，口唇流血，並已置口腔擴張器，下門牙已去二，口腔破裂處頗多，脈搏130餘，血壓140／85，肺底有少許水泡音，腹部腫脹，四肢痙攣，尤以右側為甚，右踝呈陣攣反應。因疑煤氣中毒外尚有其他變化，故用尿管放出約1000公撮（毫升）之小便，試驗結果無糖質，有少許蛋白質，及甚多之柱體，並有甚多之酸質。根據以上檢查之結果，即行靜脈注射葡萄糖液及胰島素，去除口腔擴張器，洗通大腸，於當晚11時即見呼吸稍舒緩，唯仍未出昏迷狀態。

10日晨，丁文江眼球及瞳孔反應見靈敏，痙攣也有進步，又注射葡萄糖液及胰島素，並於肛門注射大量水分。午後雙眼已能轉動，但肺部仍呈水泡音，且時咳嗽。

11日晨，「能飲牛乳及水分，目已開張，呼之亦稍能應聲，及作簡單之動作，午後可作簡單之應對。」當天，翁文灝偕同丁文治、中央醫院內科主任戚壽南等乘坐蔣介石的專機自南京飛抵長沙，隨即與朱經農等一道趕赴衡陽。晚8、9點鐘抵衡時，丁文江已能夠一一認識，並能「低呼經農」。

12日，丁文江神志清醒，言語時聲音雖小，但有條理。戚壽南詳加檢查後，認為經過良好。丁文江也強作笑容，以慰來衡問疾之人。自朝至夕，病情頗有進步。

13日，病狀良好。醫生和朋友都相信經過一段時間休養後，不久即可復原。

14日，楊濟時再度來衡陽診視，發現丁文江前胸左乳頭外一寸餘處腫起，約有一元銀幣大，捫之劇痛；水泡音仍存在。其餘狀況良好。即於當日晚決定明晨轉至長沙休養。

15日，10時半離衡，午後5時半抵湘雅醫院。因長沙、衡陽全沒有救護車，凌鴻勛特地派人將運貨車裝上窗戶，將衡陽的街道測量選擇，使得這大汽車可以從醫院後門一直開到公路上。途中經過良好，無發熱，唯時咳嗽。

16日，下午拍照肺部X光，發現左右兩肺底有少許發炎變化，且左胸似容有少量之水液。病勢日見起色，左肺無其他變化，唯腫起處仍作劇痛。

此後自15日至22經過甚為滿意，能談笑飲食。20日曾要求每日下床行走，醫生未允。

17日，傅斯年得朱經農電，得知丁文江希望胡適或傅斯年其中一

人到長沙「談談」。因當時學運正緊，胡適不得脫身，故未成行。傅斯年則於21日晚抵達長沙，次日見到丁文江：

　　……弟見到在君，他的話很多，經農覺得他語無倫次，弟聽到卻不然。乃是他敘述自來衡後和長沙，只是前後不甚一貫，且說話甚艱難（拔牙破腔），並每節只說一句，未知其心理，自覺其如精神病也。此一天所談話，只有兩處弟不懂。也許只是因為弟不知其指何前因後果，只聽到一二句，故不懂。因此，弟覺他並未成一個neurotic〔精神病〕（他在醫院造了這個印象，即其家人亦深疑之），此種懷疑尚無根據，只是他的mood〔口氣〕確與常時不同。其不同處在於好說笑話。弟覺此亦不足怪，他平日在鬆舒時，本好說笑話，此時一切想開。他說I take very little interest life〔我對生活很少有興趣〕，故語言甚放縱耳。醫云，煤氣中毒，本可留一種的精神錯亂，但以弟所見，在君尚未有如此之證據也。他談到北方大局，談到適之，有本有原，全非精神錯亂。有時說話，確似半睡中囈語，此或亦身體未復原之現象也……

　　一天半□鬧著要下床，弟苦苦勸其不可，只到晚上尚且如此。弟後來知其背酸（仰臥十餘天所致），下床之欲，蓋由於此。

　　傅斯年到湘後，即擔當了「在君家屬的代表人」角色。此時，丁夫人提出將在君移送南京治療、修養之議，傅斯年堅決反對。

　　23日，丁文江又若斷若續地談了好多，還是鬧著要下床，「其勢洶洶，非下不可」。傅斯年說不得醫生允許，是不可以的。彼此相持兩小時，起初楊濟時主任也不許，但考慮到丁文江已經鬧了三天，加上傅斯年也在旁邊說「如萬不得已，且試著坐一坐，看如何」，楊醫

師才勉強應允。坐時已很吃力，又非坐床不可，下床後多人扶持——周身疼痛，不能自動。三刻鐘後上床，食量頗增。下午4時，即開始發燒。此時大家互相抱怨，楊醫師也後悔萬分。不過，大家都以為是倦後現象，不會有什麼大礙。晚飯的時候，由傅斯年親自照料，吃得很多。

24日凌晨5點左右，住在另一樓上的傅斯年被丁夫人驚慌失措地呼叫驚醒了，傅還以為丁夫人被打劫，待匆匆趕到，始知丁文江情形不妙：溫度、脈搏、呼吸一齊升高，急喘不已。楊濟時也大慌，覺得必是胸中有傷痕，昨午一動，主幹潰決，即商定由傅斯年請協和外科醫師來湘診視。下午4點，用針一探，果有膿水，知病源在此。當即注射大量藥物。又借來氧氣袋，救濟其喘氣息。下午2時外科主任顧仁（Guene）開始抽膿，抽出如帶沫之啤酒一般之膿水五百西西。此後丁文江神經立時清定，此好轉之開始也。楊濟時的報告又說：體溫在39至40間，不能言語，大小便失禁，不能入眠，出汗較多，故每晚需用大量安眠藥。

由於勞累過度，丁夫人上午便支持不住了，在傅斯年堅持下，也被送入病房。這之後，移京之說，無人再提。

27日，「時醒時睡，神志不甚清晰。左前胸腫痛處疑有作膿變化，故會商顧醫師注意。」

28日晨，顧仁醫師於五肋骨處開割，果然發現第五肋骨已折，並取出150公撮（毫升）之濃膿。培養及染色檢查結果，發現膿中有肺炎雙球菌。開割口約二寸，置放出膿管。

這天，傅斯年有致胡適一函：

在君的煤毒，一醒之後自無生命危險。其精神是否即復原，只可待將來看……然在衡州為糊塗醫生傷，無端做了六小時人工呼吸（並未停止呼吸何用此），以致遍身生痛，胸部有傷。一到長沙後，進步甚好，未及細檢其傷況……至二十三日，乃一旦潰決……

我不敢想這是凶多吉少，不過，實在太嚴重了。

12月29日、30日體溫復常。時協和醫院外科主任婁克斯抵長沙，會診後決定，再用X光照胸部。因該處心影所蔽，照片不能詳明，以探試胸部膿管，為後向上升，深有尺餘。1月1日脊髓刺穿，脊水正常。婁克斯醫師於1月2日留以下記錄：

……大致情形為作膿發炎，加之一氧化碳併發毒之結果，肺部不免有發炎變化。唯因心影所蔽，不易診察，除已發現之作膿處外，其他處恐尚有較小之同樣病態。唯此類膿胞或不大，不能察覺也。綜觀病前衡陽旅行之種種疲勞，煤氣中毒等等不幸之經過，個人意見以為腦中樞血管損壞足以解釋。目下之情形，尤以步行上南嶽山，入礦底，離床坐起，過度費力之動作為最嚴重。於衡陽中毒後二日之昏迷，右臂之痙攣，第二次（指離床）過度動作後發生失語，大小便無節制，強度之痙攣，腦部血管出血，或腦部脈管血栓形成，足以解釋現在之診狀。肋骨截傷非主要症。目下胸腔作膿，可增劇腦部血管固有之損壞（淤斑出血腫脹等）。此類病理變化，以煤氣為主因。脊水正常與無視神經乳頭水腫，不足證明腦部之作膿變化縝密之對症治療。如以後再發覺作膿處，仍須外科開割放膿，為目前唯一之適當療法。

自12月31日起，每日體溫脈搏由正常度上增，服用毛地黃並不見

260

效。血液乏色曼反映陰性，且無瘧疾及回歸熱原蟲。

1月1日，丁文江的狀況轉好。胡適在《日記》中欣慰地記道：「這是新年的第一個好消息。」

3日晨，丁文江頸後彎，並作硬，右肢痙攣如前，心音微弱，血壓155／105，小便檢查無異狀，白血球20,000至30,000。精神更見萎頓。

4日晨，呼吸更形急迫。下午喉間作痰音，體溫增至45，脈160。即注射強心劑呼吸氧氣等治療，漸見進步，體溫下落至39度。午後9時能入眠。病危通知接連發出。

1936年1月5日晨，脈搏140，體溫39度，呼吸50；顏色青紫；脈搏增至170。至11時情形更惡，各種刺激注射均無效。同時急電協和「速派醫生飛去」。下午5時40分，丁文江的心臟停止呼吸；科學巨星，驟然隕落。

楊濟時報告丁文江致死原因有六：一氧化碳中毒；左胸第五肋骨骨折；支氣管發炎；左胸積膿（肺炎雙球菌）；心臟衰退；腦中樞淤斑出血。

丁文江逝世後，即於當晚實行解剖，察驗其致死病源，非僅由於中煤毒，實心臟及肺部早伏病因，平昔用腦太過，腦病亦深。

三、長眠嶽麓

1月6日，丁文江遺體入殮，並舉行簡單悼儀。史久元與丁文瀾、丁文治等均扶棺痛哭。湖南省主席何鍵親往弔唁，並慰問丁夫人，「是日往弔者，車水馬龍，倍極哀榮，而以教育界及西洋人為多。」

下午，丁夫人與文瀾、文治等乘專車赴漢回京。受湖南省政府委派，朱經農陪同丁夫人回寧。起初，丁夫人堅持死者葬在南京，故靈柩定7日下午2時由湖南省政府備專車運漢轉由輪運入京，何鍵還特別派株韶段工程局人員護靈赴京。而在上海的蔡元培等，已經看到丁文江遺囑，即電徐韋曼：希望丁夫人遵遺囑辦理後事。

這份眾人矚目的遺囑是丁文江於1935年2月20日在北平立好的。遺囑明確規定了遺產分配及身後事處理辦法。關於後事：

於余身故時即以所故地之地方區域以內為余葬地，所占墳地不得過半畝，所殮之棺，其值不得逾銀一百元，今並指令余之親屬，不得為余開吊，發訃聞，誦經，或徇其他糜費無益之習尚；遇所故地有火葬設備時，余切託遺囑執行人務必囑余親屬將余遺體火化。

遺囑特別規定，遺囑發生效力時，即由遺囑執行人竹垚生、丁文淵嚴格遵

丁文江先生遺容

照遺囑會同辦理。

而北平的胡適、南京的翁文灝等人，也圍繞「遺體是否移運南京」問題與長沙方面電報不斷，展開磋商。胡適1936年1月6日《日記》：

往訪林斐成（遺囑撰稿人林行規），他有在君的遺囑副本，我摘抄其中關於喪葬的部分電告經農、韋曼。又電告遺囑執行人竹垚生，請他將遺囑與詠霓商酌辦理。晚得新六、垚生覆電，垚生今晚攜遺囑入京示詠霓。

半夜得經農、韋曼、文浩覆電，……他們問是否必遵遺囑葬湘，我覆電云：既已佈置明午行，似可從家屬意旨，乞詳電詠霓……

同日，翁文灝致電朱經農，「君柩應否運京俟查明遺囑再奉告」。同時又為後事函商於胡適：在君竟不能救，悲悼萬分。此時有許多具體問題急待解決：（一）葬在何處？長沙來電擬即運柩來京。有人言彼遺囑中說明隨處可葬，但弟並未見遺囑全文。（二）在君之弟兄中，意見不一……

蔡元培當日《日記》則記：

得寬甫電，言前因未見遺囑，棺價已超過；又丁夫人堅持葬南京，靈柩定七日午專車行。如必遵遺囑，請急電示覆。覆以一電說：小節不必太拘，運柩江南之計畫，不必變更。午後得丁夫人電，言決遵遺囑行。

1月7日，蔡元培、翁文灝電告長沙：丁文江靈柩因遺囑規定暫行緩運。湖南方面接到翁文灝、蔡元培電報後，即決定：（一）將丁之

丁文江遺像

遺櫬,移停漁塘街消防隊內以便另期追悼。(二)派胡主任蔭槐負責籌備治喪。(三)安葬地點俟商之遺族再定。決定做出後,既由胡蔭槐等在消防隊佈置一切,定9日將丁櫬移入。但消息傳出,各種電報飛來:「有主張安葬嶽麓山者,有主張安葬南嶽者。京滬各要人,多主張廢曆開年後舉行追悼,俾得親自蒞臨吊奠。」於是,何鍵便與丁文浩、徐韋曼等商定:將靈櫬仍停湘雅醫院,暫不迎入消防隊。所有安葬地點、開吊日期,以及一切治喪事宜,統俟丁夫人與朱經農等在京滬與各方面商妥後再定,以期周妥。丁、徐二人,也於當日下午乘快車赴漢轉京。

丁文江逝世的噩耗傳來,各種追悼、紀念活動隨之而來。1月6日,在中央研究院滬處紀念週中,與會人士靜默三分鐘,追悼丁文江。是日起,中央研究院下半旗三日志哀。至於朋友發來的唁電、輓聯、悼詩,既多又感人。章鴻釗的輓聯是:

　　認責任內無處可放鬆,治學然,

治事亦然，識君以來始信自強在不息。

數交遊中唯真最難得，能讓易，能爭非易，從今而後幾疑直道與偕亡。

張元濟的輓聯是：

地不愛寶而乃患貧果使克展所長必有利於我國；

年及知非宜可服政胡若是奪之速我還欲問諸天。

周作人的輓聯是：

治學足千秋，遺恨未成任父傳；

贊閒供一笑，同調空存羅素書。

12日，蔡元培召集中研院院務會議，討論丁文江總幹事故世後追悼、撫恤及設紀念獎金等問題，並決定18日下午2時在京滬同時開丁文江追悼會。

18日舉行的追悼會，南京會場在中央大學大禮堂。禮堂正中懸掛著丁文江遺像，像前陳列著蔣介石、蔣廷黻、張道藩、翁文灝、羅家倫、王世杰、朱家驊等敬獻的數十個花圈。參加追悼會的有蔡元培、王世杰、翁文灝、胡適、羅

胡適輓丁文江詩手跡

追悼丁文江大會之南京會場——
中央大學致和堂

家倫、邵元沖、張群、朱家驊、錢昌照、張默君、張伯苓、徐誦明、梅貽琦、杭立武，及該院所屬在寧各研究所所長、全體職員，暨丁氏生前友好，共約600餘人。蔣介石曾於開會前到會致辭。下午2時開會，由蔡元培主席，領導全體行禮如儀後，默哀三分鐘，旋由主席獻花圈，並做報告；繼由翁文灝報告丁氏生平，胡適、羅家倫也先後致辭，末由丁氏家屬致謝辭，4時散會。

上海方面，在白利南路中研院理工實驗館舉行。會場正中懸掛孫中山遺像及丁文江像，左右交懸國旗和國民黨黨旗，台下滿堆各方所贈花圈，四壁懸掛輓聯輓幛很多；入門有白布橫額，上書「故總幹事丁在君先生追悼會」字樣。參加追悼會的有：吳鐵城、蔣百里、張君勱、顧孟餘、王景歧、胡敦復、王雲五、鄒秉文、徐新六、楊孝樹、陳光甫、曹梁廈、周仁、徐韋曼、莊長恭、趙叔雍、瞿紹伊、高夢旦、李祖虞、李大超、黃溯初、張迭生以及該院在滬全體同人200餘人。追悼會於下午2時半開會，由周仁代表蔡元培主祭，次序如下：全體肅立；向國旗及孫中山遺像行禮；主席恭讀孫中山遺囑；靜默；向丁文江遺像行三鞠躬禮；獻花圈；靜默；院長致辭（周仁代）；莊長恭報告丁文江生平；家屬致謝辭。

1月26日，中國地質學會在南京舉行第12次年會，會前先舉行追思丁文江的簡單紀念會。會議主席謝家榮簡單致辭後，乃請全體起立靜默三分鐘，以志哀悼；繼請翁文灝報告丁文江生平及對於本會的貢獻；繼由黃汲清報告丁氏在中國地質上之貢獻。因此次年會適值丁文江之喪，故特停止年會宴，以志哀悼。次日，中國地質學會理事會開會，原案通過了翁文灝提出的「丁在君先生紀念基金原則」，又推舉

翁文灝、李四光、謝家榮等5人為丁氏基金保管委員會委員。紀念基金原則共3條：

一、本基金由丁先生至好友人捐助於中國地質學會，由該會理事會推舉5人至7人，組織保管委員會保管之。委員如出缺時，由其餘委員推舉，請理事會核定。

二、本基金應長久保存，但所得利息，至多以每年1000元為限，送備丁在君夫人之用。

三、除第二條規定之用途外，所有利息，作為紀念獎金，對於地質工作有特別貢獻者，每年發給一次，其詳細辦法，由理事會另訂之。

關於第二條，丁夫人表示：已取得保險費，毋須供給費用，並建議把基金利息全部作為紀念獎金。此外，丁文江逝世後，史久元曾依照當時有關法律向國民政府申請撫恤，共得撫恤金國幣14400元整。

截至是年10月底，丁文江紀念基金共收到捐款42000餘元。關於獎金頒給

《地質論評》之「丁文江先生紀念專號」

辦法、管理規則以及紀念金委員會委員人選，均經中國地質學會理事會討論：每2年發給一次，計洋6000元整，並規定此數之外之利息，捐助北京大學地質系研究院，作為調查研究之用。紀念金委員會委員為：翁文灝、李四光、章鴻釗、謝家榮、黃汲清、尹贊勳、楊鐘健等7位。該基金交與中華教育文化基金會代為保管。

2月16日，《獨立評論》出版「丁文江紀念專號」；稍後，《地質論評》、《中國地質學會志》也出版了紀念專號。

4月16日，中央研究院第1屆評議會第2次年會在南京召開，蔡元培在年會上致詞時說，「此次集會，不能不懷想本會故秘書丁文江先生之逝世，請全體起立為丁先生默哀一分鐘，以志哀悼！」年會還議定「中央研究院楊銓、丁文江獎章草案」。5月8日，《國立中央研究院楊銓、丁文江獎金章程》公佈，獎金給予對自然科學研究有新的貢獻者，獎金所包括的科目分：數理化類（包括數學、天文、物理、化學四門）；地學類（包括地質、古生物、地理、氣象四門）；生物類（包括植物、動物、生理、人類四門）。

儘管丁文江靈柩未移運南京，但葬在何處並未確定。家屬方面，丁夫人力主葬在南京，丁文治則認為：理想的料理他的後事的方法是在死亡之地火葬，現在長沙既無火葬設備，也須找葬地，已非上策，而至今遷延不決實在是失策，這正是與他的主張相反的地方。友朋輩如胡適也主葬在南京，以便祭掃、憑弔方便，而徐新六等則力主就地安葬。因丁文淵是遺囑執行人，故丁氏家屬、友人希望由丁文淵最後定奪。1月6日，中央研究院致電身在德國的丁文淵，報告死訊。文淵得耗，匆匆東歸。3月13日，風塵僕僕的丁文淵抵達南京，力主丁文江

應葬在長沙，並電請朱經農覓地。3月22日，朱經農覆胡適：建議將墓地選在清華大學新校址內：

> 在君墳地，弟建議在清華新校址內；選擇一畝，已得月涵先生（清華校長梅貽琦）同意。詠霓先生處雖無回音，想亦不致反對。在君之墳，若在清華校內則易於照料。在君來湘，實為清華選擇校址，竟因此病歿湘中，自宜於校中留一永久紀念。岳麓風景不壞，營葬亦甚相宜。清華校內有一科學先驅之墳，可以引起青年人之景仰，而增加其研究科學之興趣。弟之建議，即根據上述理由，想兄亦表贊同。

最後，丁墓選擇在嶽麓山上的左家壟。

5月3日11時，由湖南省教育廳、湖南地質調查所等六家單位發起、籌備的丁文江追悼會在長沙國貨陳列館舉行。參加追悼會的各界人士共千餘人。何鍵主持大會，報告開會追悼意義，翁文灝報告丁文江一生經過事蹟，朱經農報告

1987年修復後的丁文江墓

史久元與養女丁安如、侄子丁海曙

丁文江來湘使命及其逝世情況，丁燮林略述丁文江在院服務事蹟……最後由丁文淵答詞，感謝各方……飯後，又齊赴湘雅醫院丁文江停柩處參觀。

5月4日的長沙，大雨如注。這一天，是丁文江出殯的日子。前往執紼的有何鍵、翁文灝、蔣夢麟、梅貽琦、朱經農、劉基磐、劉厚生等共約數百人。靈柩先由湘雅醫院抬出，移至大馬路口江邊，再移上拖車，用汽車拖至對河牌樓後上岸。然後由十六人扛至離湖大四里許之左家壟高農學校農場裏面之半山上墓地安葬。墓已由湖大先期設計完好。各執紼人士代表等，再一一向靈櫬致最後敬禮，由遺族答禮如儀。

這樣，丁文江就與峨峨嶽麓山、湯湯湘江水相伴，長眠在楚山楚水間。

丁文江銅像

後記

我全面從事丁文江研究，始於甲申初夏。其時，我的「胡適與紅學」研究系列，已經告一段落。下一步該做個什麼題目呢？我一方面反覆思索，一方面與幾位平素「尊尊親親」的前輩商酌，幾經權衡、排比，最後我決定：就做「胡適與現代文化名人」這個題目。其實，早在1980年代，耿雲志先生在主持整理「胡適檔案」中的大量現代文化名人書劄時，即提出，「細心閱讀這些書信，再廣泛查閱有關資料，在《胡適與XXX》的題目下，可以寫成數十本有價值的傳記著作。」十幾年過去了，在這方面已取得了不少研究成果；除耿師外，周質平、李又寧等人都有成績做出；不過，在這一領域，仍然有進一步拓展的空間。這個自選的研究題目確定後，我準備做的第一篇文章是〈胡適與丁文江〉。早前，我已經讀過胡適編的《丁文江的傳記》和夏綠蒂‧弗思的《丁文江：科學與中國新文化》。為了寫這篇文章，我首先做的是：搜集丁文江的傳記資料，整理丁文江的著作目錄。但就在這前期的準備過程中，我發現：丁文江這個人在20世紀中國科學、文化史上的地位實在太重要了，太值得研究了，而學術界對他的重視實在太不夠了。於是，我改變了既定的研究方向，做出了新的選擇：最近幾年，即專門研究丁文江。

我準備做的第一件事，就是編纂《丁文江年譜》。我開始更為全面的搜集丁文江的資料：凡有關丁先生的片言隻字，都在搜集之

列。為做此事，我又重新奔波於京內各大圖書館，遍訪丁先生的親屬和有關人士。2004年秋天，我專程去了丁文江的故鄉——江蘇泰興黃橋鎮，看了丁先生的故居，訪問了當地的一些人，整理出一些口述史料。令我倍感欣慰的是，丁先生的故居，除了大花園基本無存外，故居的主題依然保存完好。這是一座經歷過200年風雨、極具地方特色和文物價值的豪宅。它有數進院落，是一組典型的清代建築，丁先生少年讀書時的「多竹堂」和結婚時的新房仍在。據丁先生的族人講，這樣的豪宅，就是在整個蘇北地區，也是不多見的。於是，我又有了新的願望：希望這所大房子能早一天掛上「丁文江先生故居」的牌子。離開泰興後，我就直奔上海，訪問丁文江的侄子丁明遠先生（唯一健在的曾在故居生活過的丁氏親屬）。明遠先生曾告訴我：花園裏有一棵幾個人合圍才能抱起來的皂莢樹，夏日乘涼，家人一起數棲息在樹上的老鷹，多達百餘隻……明遠先生還拿出相冊，讓我看1987年重修丁文江墓的照片。得此線索，回京後我即委託在長沙工作的一位朋友幫忙拍攝嶽麓山上的丁墓。但傳來的幾十張照片，真令人心酸：紀念碑已不存，石欄被推倒……

　　除了編纂年譜，在時機成熟的時候，我還陸續地寫丁文江研究的專題論文。2005年上半年，寫成2篇：〈丁文江與中國地質事業初創〉、〈地質研究所若干史實考論〉；其中第一篇曾在下半年舉辦的「中國社科院近代史研究所青年學術論壇」上交流過，而評論我論文的是本所同人呂文浩兄。當時我們圍繞論文和「丁文江研究」進行了廣泛、深入地交談，談話間，呂兄突然問我：有沒有興趣寫一本《丁文江圖傳》？若願意，可幫助推薦出版單位。我略作思索，即答：

可。其時，我已經搜集到不少丁文江的照片，而這些照片是從事丁文江研究的人、甚至家屬都鮮見的。有一次我與一位從事地質史研究的朋友一起數有丁文江的照片——統共不過20幅。這主要是因為，丁先生逝世後，由於戰亂、運動不斷，大量的圖片、文獻都散失了。丁先生的一位姪子曾告訴筆者，「文化大革命」的時候，為了保命，大量的照片、書籍、地圖都扔進了火爐。我掌握的丁文江照片，主要來自當時的報章、雜誌和少數家屬劫後餘存的。我認為，我有義務將這些照片（照片也是史料的一種）早日發表出來。於是，爽快地答應了朋友的邀約，這樣，就有了《丁文江年譜》的一個副產品─《丁文江圖傳》。

但《丁文江圖傳》的寫作頗感痛苦：照這種書的要求：文字不能太長，而且文筆要輕鬆、活潑、不能有注釋。這對寫慣了學術論文（徵引必有出處，且注釋要精詳）的我來說，實在是一種新挑戰。但經過努力，稿子終於寫出了，寫成後，即先發給呂文浩兄徵求意見。蒙呂兄不棄，誠懇地貢獻了不少建議，其中很多我都採納了。但這個稿子究竟如何，我懇摯地請讀者朋友評判。我的打算是，在這個稿子的基礎上，在《丁文江年譜》出版後，在相當的專題研究之後，寫一本至少30萬字的有詳細注釋的《丁文江評傳》。

在稿子即將付梓之際，首先要感謝呂文浩兄，此外還要感謝提供圖片的丁文江先生的親屬：丁海曙教授、丁明遠先生、丁安如教授、史濟昭教授。記得有一次我如約到丁海曙教授家裏，丁教授即翻箱倒櫃地取出好幾本泛黃的老相冊，凡我有用的，都撕下，編好號，然後再同我一道去清華的一家照相館複製。當時情形，仍歷歷在目。還要

感謝前輩朋友、臺灣大學化學系的劉廣定教授幫忙介紹本書的出版，感謝臺灣秀威資訊科技股份有限公司的蔡登山先生，將本書納入他主編的《世紀映像》叢書，使本書能順利出版。蔡先生的工作高效率、嚴謹、精益求精，令人感佩。還要感謝內子徐桂敏，做了不少文字錄入和校對的工作。

當然，我的丁文江研究，一直得到一些前輩和好友的支援；如耿雲志先生，凡我所有研究計畫，都與先生報告並請求指教的，諸如此類的指導與幫助，我將都會在《丁文江年譜》的〈後記〉中一一敘明。

宋廣波
丙戌歲末記於京寓

《丁文江圖傳》感謝圖片提供者

1、清華大學教授丁海曙先生

2、上海市退休教師丁明遠先生

3、北京大學教授丁安如女士

4、協和醫院教授史濟昭女士

5、江蘇省泰興縣黃橋中學袁春偉先生

6、中國社會科學院近代史研究所圖書館

7、台北「世紀映像」叢書主編蔡登山先生

謹致謝忱

國家圖書館出版品預行編目

丁文江圖傳 / 宋廣波著. -- 一版. -- 臺北市 ： 秀威資
訊科技, 2007 [民96]
　　面 ； 公分. --（史地傳記 ；PC0015）

ISBN 978-986-6909-49-8（平裝）
1. 丁文江 - 傳記

782.884　　　　　　　　　　　　　　　96005212

史地傳記　PC0015

丁文江圖傳

作　　者 / 宋廣波
主　　編 / 蔡登山
發 行 人 / 宋政坤
執行編輯 / 賴敬暉
圖文排版 / 李孟瑾
封面設計 / 李孟瑾
數位轉譯 / 徐真玉、沈裕閔
圖書銷售 / 林怡君
網路服務 / 徐國晉
法律顧問 / 毛國樑　律師
出版印製 / 秀威資訊科技股份有限公司
　　　　　　台北市內湖區瑞光路583巷25號1樓
　　　　　　電話：02-2657-9211　傳真：02-2657-9106
　　　　　　E-mail：service@showwe.com.tw
經 銷 商 / 紅螞蟻圖書有限公司
　　　　　　台北市內湖區舊宗路二段121巷28、32號4樓
　　　　　　電話：02-2795-3656　傳真：02-2795-4100
　　　　　　http://www.e-redant.com

2007年4月　BOD 一版
定價：330元

讀 者 回 函 卡

感謝您購買本書，為提升服務品質，煩請填寫以下問卷，收到您的寶貴意見後，我們會仔細收藏記錄並回贈紀念品，謝謝！

1.您購買的書名：＿＿＿＿＿＿＿＿＿＿＿＿＿＿＿＿＿

2.您從何得知本書的消息？

　　□網路書店　□部落格　□資料庫搜尋　□書訊　□電子報　□書店

　　□平面媒體　□ 朋友推薦　□網站推薦　□其他＿＿＿＿＿

3.您對本書的評價：(請填代號　1.非常滿意 2.滿意 3.尚可 4.再改進)

　　封面設計＿＿　版面編排＿＿　內容＿＿　文/譯筆＿＿　價格＿＿

4.讀完書後您覺得：

　　□很有收獲　□有收獲　□收獲不多　□沒收獲

5.您會推薦本書給朋友嗎？

　　□會　□不會，為什麼？＿＿＿＿＿＿＿＿＿＿＿＿＿＿＿＿＿

6.其他寶貴的意見：＿＿＿＿＿＿＿＿＿＿＿＿＿＿＿＿＿＿

＿＿＿＿＿＿＿＿＿＿＿＿＿＿＿＿＿＿＿＿＿＿＿＿＿

＿＿＿＿＿＿＿＿＿＿＿＿＿＿＿＿＿＿＿＿＿＿＿＿＿

＿＿＿＿＿＿＿＿＿＿＿＿＿＿＿＿＿＿＿＿＿＿＿＿＿

讀者基本資料

姓名：＿＿＿＿＿＿＿＿＿　年齡：＿＿＿　性別：□女 □男

聯絡電話：＿＿＿＿＿＿＿　E-mail：＿＿＿＿＿＿＿＿＿

地址：＿＿＿＿＿＿＿＿＿＿＿＿＿＿＿＿＿＿＿＿＿＿＿

學歷：□高中(含)以下　□高中　□專科學校　□大學

　　　□研究所(含)以上 □其他＿＿＿＿＿＿＿

職業：□製造業 □金融業 □資訊業 □軍警 □傳播業 □自由業

　　　□服務業 □公務員 □教職　□學生 □其他＿＿＿＿

- -

(請沿線對摺寄回,謝謝!)

秀威與 BOD

BOD（Books On Demand）是數位出版的大趨勢,秀威資訊率先運用 POD 數位印刷設備來生產書籍,並提供作者全程數位出版服務,致使書籍產銷零庫存,知識傳承不絕版,目前已開闢以下書系:

一、BOD 學術著作—專業論述的閱讀延伸
二、BOD 個人著作—分享生命的心路歷程
三、BOD 旅遊著作—個人深度旅遊文學創作
四、BOD 大陸學者—大陸專業學者學術出版
五、POD 獨家經銷—數位產製的代發行書籍

BOD 秀威網路書店：www.showwe.com.tw
政府出版品網路書店：www.govbooks.com.tw

永不絕版的故事・自己寫・永不休止的音符・自己唱